ひといちばい敏感で繊細なあなたを守る

HSPのための漢方生活

村本瑠美
村本貴士

Parade Books

はじめに

たくさんの本の中からこの本をお手に取っていただいてありがとうございます。

この本は、ひといちばい敏感で繊細な「ＨＳＰ」の方が漢方によって体や心の不調を改善し、少しでも毎日を健やかに過ごせますように……という願いを込めて書きました。

この本に興味を持たれた皆さんは、「ＨＳＰ」についてある程度ご存じの方が多いかと思いますが、ご存じない方のために「ＨＳＰ」とは何か、ということに少し触れておきましょう。


ＨＳＰ（Highly Sensitive Person）は、ひといちばい繊細で人の気持ちや光・音・においなどの刺激に敏感な人たちのことを言います。アメリカの心理学者、エレイン・Ｎ・アーロン博士が提唱した概念で、環境や周囲の出来事に対して敏感に反応してしまう気質の人のことです。ＨＳＰは、人口全体の15％～20％、５人に１人いるとされ、病気ではなく背の高さや髪の色など生まれ持った「気質」と考えられています。しかし、ささいな刺激を敏感にキャッチしやすい、共感力が高く人の影響を受けやすいといった特徴から「疲れやすい、眠れない、頭が痛い、お腹の調子が悪い」などの体調不良を抱えやすく、薬にも敏感に反応しやすい傾向にあります。

昔に比べてＨＳＰ関連の本が増えたり、テレビや新聞でＨＳＰについて取り上げられたりすることが多くなりました。それらに触れて、ずっと抱えていた悩みや生きづらさがＨＳＰの気質によるものだったと分かり、「無理に周りに合わせなくても良いんだ」「自分らしく生きれば良いんだ」と楽になられた方も多いかと思います。一方で、心の向き合い方については分かったものの「人混みでぐったり疲れてしまう」「神経が高ぶって眠れない」など、ＨＳＰならではの体の不調を抱えている方が多くいらっしゃいます。

この本では、ＨＳＰに多い体や心の不調について中医学（中国伝統医学）の視点から解説し、それに合った養生法（セルフケア）や漢方薬をご紹介しています。漢方が初めての方にもやさしく、毎日の生活の中で取り入れやすいものを書いていますので、できるところから気軽に始めていただけたらと思います。私自身もそうでしたが、今までお店に来られたＨＳＰの方々が漢方によって元気になられています。「漢方に出会って良かった」「養生を続けて、体調が良くなった」などの嬉しいお声をいただくと、ＨＳＰと漢方はとても相性が良いことを実感します。

中医学は「バランスの医学」と言われています。足らないところは補い、余分なところは除き、体と心のバランスを取りながら健康になっていくことが大事だと考えられています。

ＨＳＰの方には、敏感であることや繊細であることを否定せずにご自分の長所としてとらえ、体や心で不調が出ているところを漢方薬やセルフケアで改善し、少しでも楽になっていただけたらと願っています。

村本瑠美

本書の特徴と構成

▼特徴

この本では、ＨＳＰに多い体や心のお悩みについて、体質チェックなどをまじえて中医学の視点からやさしく解説し、おすすめの漢方薬やセルフケアをご紹介しています。

また、ＨＳＰについてはある程度理解しているが、漢方については初めてという方のために、ＨＳＰの説明は簡単に、漢方の説明は多めに取っています。ＨＳＰについてもっと詳しく知りたい、またご自分がＨＳＰかどうか知りたい方は、巻末の参考文献に記載したＨＳＰの本や、アーロン博士の日本語版ホームページ（http://hspjk.life.coocan.jp）をどうぞご参照ください。

▼構成

この本は、5章で構成されています。それぞれどのような内容になっているか簡単に触れておきます。

第1章　HSPの特徴と漢方との相性が良い理由

はじめに第1章では、HSPの特徴を簡単に解説した後、「HSPと漢方の相性が良い理由」を述べています。HSPと一言で言っても様々ですが、その中でも共通している特徴を取り上げ、またHSPの中でも刺激を求めるタイプのHSS型HSPについても触れています。

第2章　漢方の世界へようこそ

第2章では、漢方の基本的な考え方を解説しています。第3章を読む際に必要となってくる最低限の内容にとどめ、初めて漢方について触れる方にも分かりやすく丁寧な説明を心がけています。それでも初めての方には難しく感じる箇所もあると思いますので、その場合は読み飛ばしていただいても構いません。もし先の章で意味が分からないときに戻っていただければ大丈夫です。

第3章　HSPが抱えやすい体や心の悩みの対処法

この本の最も特徴的な第3章では、HSPが抱えやすい体や心のお悩みを9つ取り上げ、おすすめの漢方薬と日常生活に取り入れやすいセルフケアを載せました。それぞれ独立した内容になっていますので、ご自分に当てはまるお悩みから読んでいただいても構いません。

第4章　はじめて漢方相談を受けられる方へ

「一度、漢方相談を受けてみたい」と思われた方のために、第4章では、信頼できる漢方の専門家の選び方をご紹介しています。また、一つの例として当店の初回の漢方相談（カウンセリング）の流れも併せてご紹介しています。漢方相談にハードルを感じている方にはおすすめの内容になっています。

第5章　HSPと共に暮らすヒント

第4章までとは異なり、最後の第5章は、HSPの皆さんだけではなく、ご家族や身近にHSPがいらっしゃる方にもご参考になるものをと思い、HSPではない夫に書いてもらいました。私たち夫婦のこれまでの生活の一部を少しご紹介することで、何かのヒントになれば幸いです。

付録　心地良い一日を過ごす「HSPのための漢方生活」

「HSPのための漢方生活」と題して、ある一日を例にして理想的な生活スタイルを提案しています。日常生活はなかなかこんな風にはできないことも多いかも知れませんが、取り入れられそうなところから気楽に始めていただければと思います。

目次

第2章　漢方の世界へようこそ

5-2 生理痛 128

6 パニックになりやすい、緊張しやすい 138

第1章

HSPの特徴と漢方との相性が良い理由

ひといちばい敏感で繊細なHSPの5つの特徴

ひとくちにHSPと言っても、その敏感さには幅があり、敏感なところはひとりひとり違います。音やにおいに対して敏感な人もいれば、人の感情や場の雰囲気に敏感な人もいます。何に敏感かを知ることは、どのようにケアをすれば良いかに役立ちますし、HSPの特徴を生かすことにもつながります。HSPの特徴を簡単に5つにまとめました。

1 ― 音や光、においなどに敏感に反応する

HSPは、音や光、におい、味、触感などの刺激に敏感に反応します。例えば、花火や雷などの大きな音やまぶしい光、たばこや柔軟剤のにおい、化学調味料が多い食

品、チクチクする服などが苦手です。HSPではない方には普通に受け入れられる刺激も、HSPの方にとっては不快で受け入れがたい刺激に感じられることがあります。

2 ― ささいな変化によく気づく

HSPは、1で書いたような刺激とともに、小さな音やわずかな振動、かすかに香るにおいや弱い光など、細かいことも敏感に察知します。人の髪型や服装、季節の移り変わりなど、ささいな変化にもいち早く気づきます。外の変化だけではなく、自分の内側の変化にも敏感なため、頭痛や腹痛など体の痛みを感じやすく、薬も効きやすい人が多いです。

3 ― 共感力が高く、影響を受けやすい

HSPは、相手の気持ちを察知することができ、その人のつらい思いや悲しみ、喜

びなどに深く共感できるという長所があります。人だけではなく、動物の気持ちが分かるという方もいます。一方で、マイナスの感情も受けやすいため、怒っている人を見たり、雰囲気が悪い場所にいると、とてもストレスを感じます。

4 ― じっくり観察し、深く考える

HSPは、一つの物事に対してあらゆる可能性を考えて、じっくりと観察してから行動に移すため、行動に時間が掛かることもあります。慎重で危険を察知する能力もあり、丁寧な仕事ぶりは評価されることも多いです。しかし、他人に見られていたり、誰かに監督されていたりすると、緊張して頭が混乱してしまい、うまく能力を発揮しづらいこともあります。

5 ― 想像力が豊かで、内的生活を大事にする

ＨＳＰは、音楽や絵画などの芸術や、美しい自然に心を動かされます。想像力が豊かで、複雑な内面世界を持っていて、それをとても大切にします。良いアイデアを思いついたり、独創的な発言や発想をすることも多く、画家や音楽家などのアーティスト、思想家や発明家にはＨＳＰが少なくありません。

以上の5つの特徴のように、ＨＳＰは、様々な刺激を敏感に察知したり、人の感情を繊細に読みとることができるため、常に頭をフル回転していて、神経を使っている状態にあります。漢方で言うところの「気」という生命エネルギーをとても消耗している方が多いです。気をなるべく消耗しないためには、体と心のセ

ルフケアを毎日の生活に取り入れていくことが大切です。

「セルフケア」には「自分で自分をケアすること」という意味と同時に、「自分自身を守ること」という意味もあります。ＨＳＰは周りのケアを優先してしまい、自分のケアがおろそかになりがちですが、本当はいちばんいセルフケアが必要です。セルフケアは日常の中に意識して取り入れることで段々とコツがつかめていきます。この本に書かれたセルフケアの中で、楽しく続けていけそうなところから始めてみてくださいね。

好奇心が強く刺激を求めるHSS型HSPの3つの特徴

HSPの5つの特徴をみてきましたが、HSPには、一つの物事に対してじっくりと考えてから行動したり、危険を察知する能力があるため慎重に行動する傾向があることをお分かりいただけたと思います。

しかし、HSPの中には、冒険心が旺盛で、未知のものに対する好奇心にあふれる人がいます。このタイプは「とても刺激を求める」という意味の「HSS（High Sensation Seeking）」と呼ばれています。この特性は、HSPと一見真逆のようで矛盾するタイプに思えますが、どちらの気質も兼ねそろえたHSS型HSPは、HSPの約30％を占めると考えられています。

1 ― 活動的で疲れやすい

初めての出来事を楽しんだり、未知の物事に挑戦したり、新しい場所に行きたがったりと、活動的な面があります。その反面、ＨＳＰと同じように刺激に対する敏感さを持ち合わせているため、疲れやすく体調を崩しやすい傾向にあります。

2 ― 好奇心旺盛で飽きっぽい

ＨＳＰの多くは、スリルよりも安全を優先しますが、ＨＳＳ型ＨＳＰは強い好奇心を持っていて、刺激を求める傾向があります。次から次へと興味のあるものを探し、同じことの繰り返しに飽きてしまうため、ルーティンワークが続くと落ち着きがなくなります。

3 ― 危険を察知するがスリルを好む

HSPは、危険を冒すことを避け、リスクを取らず、新しい世界にはなかなか入っていこうとしない傾向があります。しかし、HSS型HSPは状況を確認した上で、それでも好奇心の方が勝ってしまい、新しい世界に入っていこうとする傾向があります。

以上の3つの特徴のように、HSS型HSPには、表面的には元気があって外向的なためHSPに見えない人が多いため、刺激を受けやすいにも関わらず、新たな刺激を求めて疲れてしまうといったHSS型HSPならではの悩みもあります。

体調を崩しやすい方は、漢方薬やセルフケアをおすすめしますが、HSS型HSPは同じことの繰り返しに飽きてしまうため、毎日朝昼晩と欠かさずに漢方薬を服用したり、毎回同じセルフケアを行うことは飽きてしまって続けられないかも知れません。

そのような場合は、疲労を感じる前や感じた後にだけ漢方薬を服用したり、毎日同じセルフケアを繰り返さず変化をつけたりして、対処していくことをおすすめします。

ＨＳＰと漢方の相性が良い3つの理由

ＨＳＰの５つの特徴やＨＳＳ型ＨＳＰの３つの特徴について簡単に見てきました。

ＨＳＰは、光や音、においなどの刺激に敏感に反応したり、人の悲しみや喜びに深く共感し心の動きを繊細に感じることができるため、常に神経を使っていて、その分ストレス反応も大きくなりがちです。したがって、ＨＳＰではない人にはストレスを感じるような場面でなくても、ＨＳＰには心身ともにとても疲れてしまうことがあります。


しかし、ＨＳＰの「薬に敏感」「ささいな変化によく気付く」「物事にじっくりと取り組む」といった特徴が、漢方薬を服用するうえでは大変利点になることがあります。

ここでは、ＨＳＰと漢方の相性が良い理由について、日々、お店でＨＳＰのお客さまと接していて実感したことをお伝えしていきたいと思います。

1 ―― 薬に敏感なHSPは、自然由来の漢方薬と相性が良い

漢方薬の原料は、天然の植物（花や実、果皮や樹皮、根など）や動物、鉱物などの生薬から作られています。みなさんがご存じの身近なものでは、しょうが、シナモン、しそ、みかんの皮、やまいも、菊の花などがあります。

HSPは、薬に敏感に反応する体質の方が多く、西洋の薬は効きすぎてしまうこともあります。鎮痛剤も2錠服用するところを1錠で済んでしまうという方もいます。

漢方薬は、先に書いたように主に植物や動物、鉱物といった自然由来の生薬を使用しており、西洋の薬と比べて穏やかに効くものが多いため、薬に敏感なHSPの体質と相性が良いのです。また、漢方薬は生薬を2種類以上組み合わせることにより、それぞれの薬効を生かすだけでなく、生薬の毒性も軽減しており、副作用に配慮されたものも多いです。

ただし、証（体質）を取り違えて体に合わない漢方薬を服用してしまうと、副作用

が強く出てしまうので注意が必要です。私も、生理痛で処方された漢方薬が体質と逆のものだったので、副作用が強く出てさらに生理痛がひどくなった経験があります。

漢方薬というと、体に優しいイメージがあるかも知れませんが、「薬」であるのは間違いないので慎重に。特に、HSPは副作用が強く出やすいので、漢方薬を服用する際は必ず漢方の専門家に診てもらってくださいね。

2 ― HSPは、漢方薬の味や香りの微妙な変化にも気づきやすい

漢方薬と西洋の薬との違いに、漢方薬には味や香りがあることが挙げられます。

当店ではお客さまに実際に漢方薬を飲んでいただいて、「どんな味に感じますか？」とお尋ねします。「ちょっと苦みを感じます」「美味しく思います」などの感想が漢方薬を選ぶ上で重要な判断材料になります。科学的に証明されている訳ではありませんが、体に合っている漢方薬は飲みやすく美味しく感じ、合っていない漢方薬は飲みにくく苦く感じると言われます（体に合っていても生薬特有の苦みを感じるものもあり

ます）。また、普段は苦くて飲めない漢方薬も、熱が高いときに飲むとすっきりと飲みやすく感じることもあります。

味や香りを繊細に感じ取れるHSPは、漢方薬と相性が良いと思われます。漢方薬の味や香りを好んで飲まれる方も多く、よく「漢方薬の香りを嗅ぐと落ち着く」「飲むと何だかホッとする」と感想をおっしゃいます。そのため、当店では漢方薬の中でも香りが良いものを選んでいます。

また、体調が良くなってくると、初めは美味しく感じられた味が、少し苦く感じられるようになることもあります。HSPは、その微妙な変化が分かる方が多いのも特徴です。苦く感じられるようになった場合は、漢方薬を変えたり量を減らしたりして、症状が落ち着いてきたら服薬を中止します。

もしも今、漢方薬を服用されていて、あまりにも苦くて毎回飲むのが苦痛で効果を感じられないという場合は、その漢方薬は体に合っていない可能性があります。漢方薬を変更してもらうのも一つの方法かも知れません。

3 ―― HSPは、まじめに養生に取り組むので結果が出やすい

当店のカウンセリングでは、体質に合った漢方薬を選ぶだけではなく、養生法をお伝えします。養生法とは、その方におすすめの食べ物や生活アドバイスのことを言います。養生＝セルフケアと言ったら、より分かりやすいでしょうか。後に詳しく書きますが、例えば気が足らない「気虚」の方は、おすすめの食べ物は「穀物・イモ類・豆類・きのこ類」などで、養生法は、「疲れを感じたら無理せずに休息を。十分な睡眠をとることも大切です」といった感じです。

養生法の実践は、今までの食事やライフスタイルを変えたりする場合もあるため、

人によっては面倒と感じてしまい、続けられないケースもあります。そういう方は「体に良いことは分かっているのだけど、なかなか生活を変えることができない」とよく言われます。一方で、HSPの方は、言われたことを真剣に受け止め、養生法についても「体に良いことだから」と納得されるので、まじめに続けられることが多いです。漢方薬も言われたとおりにきちんと忘れずに服用され、体の声を聴きながらじっくりと体質改善に取り組まれます。漢方のスタイルに向いている方が多く、漢方と養生（セルフケア）のダブルの効果で結果が出やすいです。

また、HSPの方はカウンセリングでお伝えしたことをその場で理解し、帰ってからもう一度よく考えて、想像力を巡らせます。そして、次のカウンセリングまでに「こういうこともやってみました」と自分なりに養生法を考えられ、実践されてくることもしばしばです。前向きに取り組まれる姿勢を拝見していると、漢方の考えはHSPの方にとってスッと入って行きやすいことを実感します。

第2章

漢方の世界へようこそ

漢方ってなに？

「漢方」と聞くと、どういうイメージを持たれますか。

ＨＳＰは想像力が豊かな方が多いので、様々なイメージが浮かぶかも知れませんね。

昔嗅いだ漢方薬のにおいや飲んだ時の味の記憶が今ふっとよみがえった方もいらっしゃると思います。

世間一般には「漢方＝漢方薬」と思われている方が多いですが、漢方には大きく次のようなものがあります。

漢方薬　鍼灸　薬膳
指圧・あんま　気功　養生

なかでも、食事や睡眠、運動など生活習慣を見直し、自分でケアする「養生＝セルフケア」が大事と考えられています。例えば、「体が冷えている人は、温かい食べ物をとる」「気が巡るように、軽い運動を心がける」などです。これらは、昔の人が長い年月をかけて編み出した健康法で、養生は漢方の土台となっています。

漢方薬を服用することはハードルが高くても、毎日の生活習慣を見直したり、食事に気をつけたりする養生は手軽に取り入れやすいと思います。特に、自分の体や心の変化に気づきやすいHSPには、漢方はとても向いていると思います。当店のお客様の中では、体質改善のためにやり始めた薬膳にはまって、勉強を続けている方もいらっしゃいます。興味のあるところからで構いませんので、一緒に漢方を始めてみましょう。

漢方薬は、オーケストラ

これから漢方の考え方について一つずつ見ていくことになりますが、その前に、漢方薬の特徴を知っていただきたいと思います。

漢方薬は、植物や動物・鉱物など、自然の原料から出来ています。先人たちが植物の実や皮などに蓄えられた力をひとつひとつ確かめ、経験と試行錯誤の中で生まれたものです。ただ自然の素材を寄せ集めたものではなく、ひとつひとつの生薬や成分が絶妙に合わさっているのが特徴です。

漢方薬をオーケストラに例えてみると、ＨＳＰのみなさんにはイメージしやすいのではないでしょうか。主旋律を弾くバイオリンだけでも美しい音色を奏でられますが、オーケストラのように多くの楽器が組み合わされると重厚で深みのあるハーモニーが作り出されます。漢方薬も、生薬単体でも効果がありますが、他の生薬と組み合わされることにより、様々な症状に対応できるようになります。

例えば、『芎《きゅう》帰《き》調《ちょう》血《けつ》飲《いん》第《だい》一《いち》加《か》減《げん》』という漢方薬があります。この漢方薬は、実に21種類ものたくさんの生薬から構成されています。ひとつひとつの生薬には、気や血の巡りを良くしたり、胃腸の働きを良くしたり、体を温めたりといった働きがあります。その多くの生薬が一つにまとまると、生理痛などの婦人科系疾患や、頭痛、肩こり、耳鳴り、動悸、下肢静脈瘤、イライラ、冷え症などの症状に幅広く応用することができます。

また、生薬に半夏《はんげ》と生姜《しょうきょう》がありますが、半夏はえぐみが強烈で単体で使用すると刺激が強いのですが、生姜と組み合わせることでそのえぐみが緩和されます。この特徴を生かし、半夏が配合されている漢方薬のほとんどに生姜が配合されています。このように漢方薬では、同じ性質の生薬の組み合わせで作用を強めたり、違う性質の組み合わせで生薬の効果を高めたり、互いに抑制し合って有害な作用を軽減させ副作用を防いだりしています。

西洋医学と東洋医学の長所を取り入れよう

次は、西洋医学と東洋医学の考え方の違いを見てみましょう。

▼西洋医学

体を臓器や器官などに細かく分けて、患部を中心に治療
細菌やウイルスを倒したり、症状を抑える

西洋医学では、呼吸器科、脳神経外科、眼科など人間の体を細かく分けて考えます。体が一定の状態を保つことを健康とみなし、検査結果が基準から外れると病気と診断し、患部を中心に治療します。西洋の薬は、即効性があるものが多く痛みなどの症状をシャープに抑えることは得意ですが、根本的な原因が解決できないと症状を繰り返

すこともあります。

▼東洋医学

体全体のバランスを見て治療
人が持っている「自然治癒力」を高める

東洋医学では、心も含めて体全体を一つのものとして考えます。体は常に変化していて健康にはさまざまな段階があるとし、そのときの体全体のバランスを見て自然治癒力を高める治療をします。漢方薬は、体質を少しずつ整えて全身を健康に導くことには向いていますが、手術を要する疾患や感染症などには向いていません。

このように西洋医学と東洋医学では病気に対する考えやアプローチが違いますので、それぞれの得意分野を把握し、病気や症状によって使い分けると良いでしょう。お互いの長所を取り入れて、健康維持に役立てていくことをおすすめします。

中医学の3つの特徴

この本の漢方についての項目は、東洋医学のうち二千年以上の歴史をもつ中医学（中国伝統医学）に基づいて書かれています。中医学には、「整体観念」「弁証論治」「未病先防」の3つの特徴があります。少し難しい言葉が続きますが、細かい部分は気にせずイメージをつかむような感覚で読み進めてください。

1 ―― 人間も自然界の一部「整体観念（せいたいかんねん）」

「整体観念」とは、人間の体はすべてつながっていて、体をひとつの有機体としてみることです。

例を挙げて、もう少し詳しく書きますと……中医学では「胃痛がする→胃に問題がある」と、体を部品としてみていくのではなく、様々な臓器や機能が関連し合い、ひとつになった有機体としてみていきます。胃痛と言っても、それは冷えからなのか？ストレスからなのか？ 血流が悪いからなのか？ と、体をひとつとしてとらえて、一部分だけでなく全体をみていきます。したがって、胃痛で出された漢方薬が胃に効いただけでなく、体の冷えを取ってくれたり、気持ちが穏やかになったりと、体質改善につながることも多いのです。これが中医学は「バランスの医学」と言われるゆえんです。

また、「整体観念」は、人間も自然界の一部であり、その影響や恩恵を受けているということも重要です。梅雨になると重だるくなる、夏になると食欲が湧かない、冬になると冷える……といった症状も「季節（自然界）の影響を体が受けている＝人間も自然界の一部」だからなのです。

中医学の基礎である整体観念は「分かりにくい」という人も多いですが、暑さ寒さに敏感で自然の変化に気づきやすいＨＳＰは、「確かに、季節の変わり目になると体調が悪くなる」と感覚的に分かる方も多いのではないでしょうか。

2 ―― オーダーメイドの医学「弁証論治（べんしょうろんち）」

弁証論治は、中医学における診断と治療の原則と言われています。

「弁証」とは、病気を起こしたメカニズムを指します。

「論治」とは、弁証に基づいて治療法を決めることを指します。

したがって、中医学は病気の症状によって治療法を決めるのではなく、おひとりおひとりの体質や、病気の原因、病気を起こしたメカニズムに着目して、その方に合った適切な治療法を決めていきます。「オーダーメイド」のようですね。


例えば、同じ生理痛でもその人が冷える体質かのぼせる体質かで、使用する漢方薬は違ってきます。これを同じ病気でも治療法が違う「同病異治（どうびょういち）」と言います。逆に、不眠の症状がある人とめまいのある人では症状が違いますが、水はけが悪いという共通した体質であれば、同じ漢方薬を使用することがあります。異なる病気でも治療法が同じ「異病同治（いびょうどうち）」と言います。

このように、病気を起こしたメカニズムが何かを探って行く作業が一番大切になってきますので、食欲の有無、体のほてりや冷え、寝つきが良いか不眠か、女性の方は生理の状態など、初回に時間をかけて様々なことを丁寧に聴いていきます。

HSPは、問診の際に過去の記憶が呼び起されて、ふと何か思い出したりすることも多いかと思います。その際、「こんなことは言っても関係ないかなぁ」と考えて、伝えないこともあるかも知れません。些細と思われることでもそれが漢方では重要な診断材料になることも多いので、遠慮しないでぜひ伝えるようにしてくださいね。

3 ― 病気になる前に予防する「未病先防（みびょうせんぼう）」

未病（みびょう）という言葉は、最近新聞やテレビなどで取り上げられることが多くなったので、ご存じの方もいらっしゃるかと思います。未病とは、漢字では「未だ病にあらず」と書くように、病気とは言えないけれど健康とも言えない、心身の不調を感じている状態のことを言います。病気が本格的に発症する前の状態で、未病の段階では病院で検査をしても「異常なし」と言われることが多いです。

▼未病の例

疲れやすい・体がだるい・冷えやすい・お腹の調子が良くない・食欲があまりない・眠りが浅い

中医学では、このような自覚症状を病気になる前のサインとして重視し、未病の段階で漢方薬を服用したり、生活習慣を改善したりして治していくことを大事に考えています。そのまま放置していくと病気へと進行していく可能性がありますが、未病の段階で取り組んでいけば、早めに健康を取り戻すことができるからです。これを「未病先防」と言います。

最近、なんとなく疲れやすい、体が冷えやすい……というように「なんとなく体調が変」といった感覚を素早くキャッチしやすいのがＨＳＰの方々です。私も「なんとなく体調が変」の段階で、自分に合った漢方薬を服用したり、お灸をしたり、なるべく休養を取るようにしています。以前は風邪やインフルエンザにもかかっていましたが、未病の段階で治すようになってからは症状が重くならずに済んでいます。

ＨＳＰは、徹夜や暴飲暴食などができづらく、体に無理が利かない代わりに、繊細に自分の体調の変化を感じとれるという利点があります。ＨＳＰの方には、その利点を生かして、未病の段階で治すことを得意にしていただきたいと思います。

体を作る大事な「気」「血」「津液」

ちょっと難しかったかも知れませんが、イメージしてもらえたでしょうか。これから中医学で大事なことを3つお話ししていこうと思います。

まずは、「気」「血」「津液」です。

中医学では、体の構成要素を「気」「血」「津液（水）」の3つに分けて考えます。これらの3つのどれかが不足していたり、スムーズに流れずに滞っていたりすると、体や心に様々な不調となって現れます。健康でいるためには一つの症状だけにアプローチするのではなく、「気」「血」「津液（水）」のバランスを整えていくことがとても大切になってきます。

「気（き）」

生命活動を支える心身のエネルギー。

血や津液のもととなり、動かしたり、体を温めたりする。


「血（けつ）」

血液を含む体の栄養分のこと。

体に栄養を運び、精神を安定させる。


「津液（しんえき）」

体内にある汗や涙、尿など血液以外の体液。

体を潤したり、冷ましたりする。

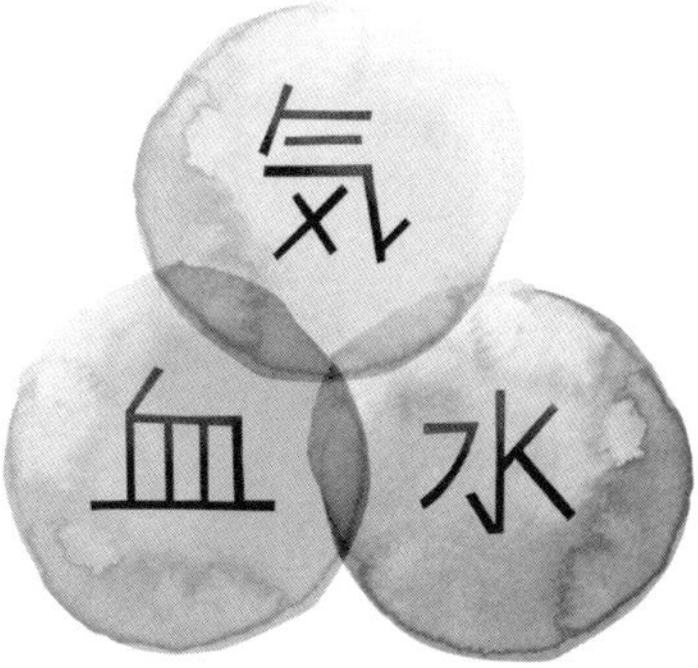

多くのＨＳＰが不足しやすい「気」とは？

「気」「血」「津液」の中で、ＨＳＰの多くに不足してしまうのは「気」です。光や音、においなどの刺激に敏感に反応したり、常に周囲に気を使い、神経が高ぶった状態が続いていることが多いため、ＨＳＰは、慢性的に気（エネルギー）を消耗しやすい状態になっています。中医学の世界では、「生命は気により生じ、気により維持されている」と考えられています。それほどまでに「気」を重要視しています。

「気」の働きは、主に５つあります。ひとつひとつ詳しく見ていきます。

① 推動（すいどう）作用

血と津液（水）を全身に巡らす働き。

血と津液（水）は、自分では動けないので、気が血と津液（水）を推して動かしてあげます。

気の推動作用が弱まると、血（栄養）が体に回らず発育不良や栄養不良になったり老化が進んだりします。また、気が滞ると津液（水）も滞るため、めまいや吐き気が起こったり、痰がたまりやすくなります。

②温煦（おんく）作用

体を温め、体温を維持する働き。

血と津液（水）は、温まると流れて、冷えると固まる性質があります。また、気は「陰と陽」では「陽」に属し、「陽気」と言って体を温める力があります。「陰と陽」については、58ページ『すべてのものは、「陰と陽」に分けられます』をご参照ください。

気の温煦作用が弱まると、血や津液（水）の巡りが悪くなり、体温が下がってしまいます。冷え性は、気の温煦作用の働きが弱いことが原因の一つに考えられます。

③防衛（ぼうえい）作用

体表を保護し、ウイルスなど外邪の侵入を防ぐ働き。

毛穴の開閉や汗の排出を調節して、外からの邪気を防ぎます。気の防衛作用が弱まると、抵抗力が低下して、風邪やインフルエンザ、花粉症などにかかりやすくなります。

4 固摂（こせつ）作用

血や津液（水）が外に漏れ出さないようにする働き。血液が血管から漏れ出さないようにしたり、汗や尿、唾液などの体液の分泌を調節し、漏れ出さないようにします。

気の固摂作用が弱まると、血の場合は不正出血や皮下出血、月経過多などが起こり、津液（水）の場合は、尿漏れや下痢、早漏、汗やよだれが出るなどが起こります。

5 気化（きか）作用

気の運動によって、物質が変化する働き。

飲食物が栄養素に変化したり、消化吸収された後に尿や汗、便などに変化して代謝されていくようにします。
気の気化作用が弱まると、消化不良や下痢、便秘が起こりやすくなります。

すべてのものは、「陰と陽」に分けられます

体を作る「気」「血」「津液」の中で、ＨＳＰは特に「気」が不足しやすいということがお分かりいただけたと思います。次は「陰陽」についてです。

中国の古代の思想「陰陽論」に基づき、すべてのものは「陰」と「陽」の二つに分けられ、対になって成り立っていると考えられています。中医学では、「証（体質）」を診断するときの基礎理論になっており、陰陽のバランスが崩れると病気になるとされ、あらゆる面で重視しています。

「陰と陽」の関係で基本的な４つの特徴について書いていきたいと思います。

1 ― 陰陽対立（いんようたいりつ）

自然界のあらゆるものはすべて相互に対立していて、陰と陽に分けられる。
（例）夜と昼、女と男、静と動、寒と熱

2 ― 陰陽互根（いんようごこん）

陰と陽は対立しながらも依存し合い、どちらか一方では成立することができない。
（例）上があって下がある。右がなければ左も存在しない。

3 ― 陰陽消長（いんようしょうちょう）

陰と陽の関係はずっとそのまま変わらない状態ではなく、常に変動をしている。
（例）四季の気候変化（夏至から秋、冬へ。暑から涼、寒へ）

4 ― 陰陽転化（いんようてんか）

ある一定の条件下で、それぞれ反対側に転化する（陰は陽に、陽は陰に変わる）。

（例）高熱が持続した後に、急に体温が下がって顔面が蒼白になる。


このことから「陰と陽」は、切っても切れない関係と言えるでしょう。

体調や環境の変化によって、「陰と陽」は一方に傾いたり、また戻ったりします。

朝から昼に向けて太陽が出て、正午に「陽」が極まります。そして、夕方から夜に向けて今度は月が出て、真夜中に「陰」が極まります。人間もそのリズムに合わせて、昼間にしっかり活動し（陽）、夜はたっぷり眠ると（陰）、「陰と陽」のバランスも保ちやすくなります。

五臓の働きとケア

最後は「五臓」です。「お酒が五臓六腑にしみわたる」という表現をご存じの方もいらっしゃると思いますが、あの五臓です。

五臓は、西洋医学で言う臓器の働きよりも広い意味を持っています。もし、思い当たる症状があればその五臓も弱っていると考えられますので、早めにケアしましょう。

肝 ― かん

血の貯蔵庫で、気や血を体に巡らせます。筋肉に栄養を与え、動きをスムーズにします。自律神経に関わり、情緒を安定させます。

「肝」が弱ると、顔が青みを帯びて、イライラ、怒りっぽい、憂鬱などの精神不安定や、頭痛、過敏性腸症候群、生理不順、ＰＭＳ（月経前症候群）、爪のトラブルなどが起こりやすくなります。

▼**肝のケア**

ストレスをなるべく避けて、その代わりにリラックスする時間を作るようにしましょう。自然の中を散歩したり、ヨガや瞑想などがおすすめです。血を充分に肝に蓄えるためにも、睡眠をしっかりとりましょう。

▼**肝におすすめの食べ物**

レモン、みかん、グレープフルーツ、イチゴ、すだち、ほうれん草、小松菜、黒酢、梅、ヨーグルトなど

心 ― しん

血を全身に送り臓器を温め、エネルギーを供給します。意識や思考がしっかりと行われるように、精神活動をコントロールしています。

「心」が弱ると、顔が赤らんで、動悸や不整脈、心臓病、不眠、思考力や言語力の低下などが現れやすくなります。

▼心のケア

心に負担をかける激しい運動は避けましょう。散歩やストレッチなどの軽い運動は、心を丈夫にして血流を増やすのでおすすめです。入浴は、熱いお湯に肩までつからず、ぬるめのお湯にゆったりとつかりましょう。

▼心におすすめの食べ物

ゴーヤ、セロリ、ふき、ごぼう、きゅうり、ピーマン、パセリ、緑茶、レバー、すいか、あずきなど

脾 —— ひ

胃腸を含めた消化器全体の働きで、食べ物や飲み物を気や血や津液（水）といった栄養に変えて消化吸収します。また、血液が漏れ出さないようにする役割を担っています。

「脾」が弱ると、顔が黄色みを帯びて、食欲不振、消化不良、疲れ、だるさ、手足のむくみ、下痢、出血過多などの症状が現れやすくなります。

▼脾のケア

冷たいものや甘いもの、乳製品のとりすぎに注意しましょう。脾を丈夫にして消化吸収を高めるには、よく噛んで食べることが大切です。暴飲暴食は避けて、バランスのとれた食事を心がけましょう。

▼脾におすすめの食べ物

じゃがいも、かぼちゃ、にんじん、なつめ、やまいも、くるみ、しいたけ、しめじ、栗、バナナなど

肺――はい

外からのきれいな空気を体に取り込み、不要な空気を排出します。体のバリア機能に関わり、外部からの病邪の侵入を防ぎます。

「肺」が弱ると、顔が白っぽくなり、かぜ、花粉症、肌荒れ、免疫力低下、ぜん息、息切れ、かすれ声などの症状が起こりやすくなります。

▼肺のケア

空気がきれいな朝のうちに、深呼吸をして新鮮な空気をたくさん吸いましょう。肺を鍛えるためにも、ウォーキングや軽いジョギングなど自分の体力に合った適度な有酸素運動がおすすめです。

▼肺におすすめの食べ物

ねぎ、玉ねぎ、白きくらげ、しょうが、にんにく、山椒、唐辛子、わさび、こしょう、シナモンなど

腎　―じん

体内の不必要な水分を尿として排泄するなど、水分代謝のコントロールを行っています。また、発育・生殖・老化に深く関わります。

「腎」が弱ると、顔が黒ずんで、頻尿、足腰の衰え、骨粗鬆症《こつそしょう》、物忘れ、不妊症、性欲減退などの症状が現れやすくなります。

▼腎のケア

足腰の衰えは、腎の衰えにつながります。意識的に歩いたり、スクワット、四股踏みなどして、足腰の強化につとめましょう。下半身の冷えは腎に負担をかけるので、

お腹に腹巻きをしたりお灸をするのもおすすめです。

▼腎におすすめの食べ物

かき、はまぐり、あさり、しじみ、いか、たこ、わかめ、昆布、しょうゆ、みそ、黒ごま、黒米など

HSPの観察力を活かし、舌で体調を知ろう

HSPの特徴として、「ささいな変化によく気づく」があります。

例えば、昨日咲いていなかった花が咲いているのに気づく、湿り気の混じった空気を感じてもうすぐ雨が降ることに気づくなどです。HSPは、子供の時から観察することが得意で、「よく気づいたね」と言われることも多かったのではないでしょうか。その「ささいな変化によく気づく」特徴を活かして、毎日鏡を見るときに「舌」のチェックをしてみましょう。

中医学の診断方法に、舌を見る「舌診（ぜっしん）」があります。この舌診は、日々の体調を自分で観察できる、簡単で便利なチェック方法です。「舌は、体を映す鏡」と言われていて、その方の体質や内臓の状態を反映すると考えられています。舌

の色や舌の上にある苔《こけ》は、体調によって変化していま す。例えば、飲みすぎたり食べすぎたりした次の日の朝の舌はぶよぶよしていたり、苔が厚くなっていたりします。

観察が得意なＨＳＰの方は、「あっ、昨日と違う」など舌の微妙な変化にすぐに気づかれることでしょう。毎朝、歯みがきをする前に舌を観察して、ご自分の健康状態のチェックにぜひ役立ててみてくださいね。

健康な舌

淡いピンク色で、大きすぎず小さすぎず適度に潤いがあり、ふっくらと柔らかい。うっすらと白い苔がある。

健康ではない舌

色 白っぽい↓気や血が不足気味、体が冷えている

色 紫色っぽい↓血が滞っている、体の冷えが強い

色 赤っぽい↓熱がこもっている

形 大きくてむくんでいる↓水分の代謝が悪い

形 舌のふちに歯形がついている↓水分の代謝が悪く、気が不足している

形 小さくやせている↓血や水分が不足している

形 舌の裏に紫色の静脈が見える↓血が滞っている

苔 厚い↓水分の代謝が悪い

苔 ない、表面が乾いてひび割れている↓熱がある、水分が不足している

あなたの体質は？「タイプ別アドバイス」

ここまで漢方の基礎知識を見てきましたが、お分かりいただけましたでしょうか。さて、ここまでの知識を利用して、皆さんの体質をタイプ別にしたいと思います。次の項目のうち、当てはまるものにチェックしてみましょう。多くチェックした体質が今のあなたの体の状態を現しています。

【1】

□疲れやすい
□食欲がない
□胃腸が弱い
□息切れをしやすい
□少し動くと汗をかきやすい
□風邪をひきやすい

【2】

□肌や髪につやがない
□爪がもろかったり、割れやすい
□手足がしびれることがある
□抜け毛や白髪が多い
□めまいや立ちくらみをよくする
□目がかすんだり疲れやすい

【3】

□げっぷやおならが出やすい
□涙が出るなど情緒不安定になる
□気分によって食欲にムラがある
□お腹や脇が張りやすい
□眠れないことが多い
□下痢と便秘を繰り返す

【4】

□顔や唇の色が黒ずんでいる
□肩こりになりやすい
□動悸や不整脈がある
□顔にシミやクマが出やすい
□頭痛が多い
□関節が痛いことがある

【5】

□肌が乾燥しやすい　□のどが渇きやすい
□のぼせやほてりがある　□寝汗をよくかく
□頬が赤っぽい　□便秘または便が乾燥気味

【6】

□肌に吹き出物がでやすい　□体が重たくて、いつもだるい
□むくみやすい　□痰が出やすい
□いつも眠い　□雨の降る日に具合が悪くなる

体質は一つのタイプに限らず、複数のタイプが混合していることもあります。多く該当した体質のセルフケアを参考に、体のバランスを整えていきましょう。

☑チェックした項目が【1】に多い

気虚（ききょ）タイプ

▶生活アドバイス

エネルギーとなる「気」が不足して、体が疲れやすい状態です。

体力のないタイプなので、元気の源となる三度の食事、特に朝食はしっかり食べましょう。疲れを感じたら無理せずに休息を。十分な睡眠をとることも大切です。

▶おすすめ食事

気を補う穀物・イモ類・豆類・きのこ類を中心に食べるようにしましょう。

胃腸機能を弱める生ものや、ビールなどの冷たい物は控えめに。

☑チェックした項目が【2】に多い

血虚（けっきょ）タイプ

▶生活アドバイス

「血」が不足しているために、栄養が足りなくなっている状態です。

貧血や冷え性などの症状が出やすいタイプです。夜更かしは、血を消耗するので気をつけましょう。長時間のテレビやパソコン、スマホなどで目を酷使するのも控えましょう。

▶おすすめ食事

血を補う作用のある、ほうれん草やニンジン、プルーン、レバー、黒豆、クコの実などがおすすめです。

☑チェックした項目が【3】に多い

気滞（きたい）タイプ

▶**生活アドバイス**

ストレスで気の流れが滞り、血や水の循環が悪くなっている状態です。

アロマや香りのある食材は、気の巡りを良くする効果があります。夜遊びや寝不足などはやめて、規則正しい生活を心がけて。何ごとも根のつめすぎはやめて、マイペースでいきましょう。

▶**おすすめ食事**

気の流れを良くするシソや春菊、クレソン、ミントなどの香りのある食材を積極的にとりましょう。かんきつ類もおすすめです。

☑チェックした項目が【4】に多い

瘀血（おけつ）タイプ

▶**生活アドバイス**

血が滞っていて、血液の循環が悪い状態です。

老廃物も溜まってしまっていて、痛みや凝りになりやすいです。定期的な運動やお風呂にゆっくり浸かって血行を促したり、血液をサラサラにする食材をとるようにしましょう。

▶**おすすめ食事**

ナス、チンゲンサイ、ニラ、パセリ、紅花、シナモン、酢などの血行を良くする食材や納豆、酒粕などの発酵食品、青魚もおすすめです。

☑チェックした項目が【5】に多い

陰虚（いんきょ）タイプ

▶生活アドバイス

水分が不足し、体に余分な熱がこもっている状態です。

肌荒れや目の乾燥、ほてり、不眠などの症状が現れやすいです。血液がドロドロになりやすいので、適度な運動を習慣にして、予防を心がけましょう。

▶おすすめ食事

体に余分な熱がたまりやすいタイプなので、熱を冷ますトマト、ナス、キュウリなどの夏野菜や、スイカや梨、アサリやワカメ、豆腐などを取り入れて。余分な熱のもとになる油っこい料理や辛い料理、お酒は控えめに。

☑チェックした項目が【6】に多い

痰湿（たんしつ）タイプ

▶生活アドバイス

体内での水分の循環が悪くなり、排出がしづらくなり、不要な水分や脂肪分がたまっている状態です。水分がたまってむくみやすくなるので、体を冷やさないように心がけ、ひと汗かくくらいの運動をしましょう。

▶おすすめ食事

玄米、雑穀、たけのこ、こんにゃく、ごぼう、海藻などの食物繊維が多いもの。とうがん、緑豆、あさり、しじみ、はと麦などの利尿効果のあるものがおすすめです。体が冷える時は、しょうがやコショウなどで体を温めましょう。

第3章

HSPが抱えやすい体や心の悩みの対処法

漢方薬とセルフケアで、ＨＳＰの生活がもっと楽になる

第2章では、漢方の基本についてお伝えしました。少し難しいところもあったかも知れませんが、ご自分のタイプが分かって体質に合った食事やセルフケアが実践しやすくなったのではないでしょうか。

第3章では、ＨＳＰに多い体や心のお悩みの原因を中医学の視点から解説し、症状に合う漢方薬をご紹介します。そして、ＨＳＰが日常生活で実際に遭いやすい困ったシーンを想定して、具体的なセルフケアについてご紹介します。

また、すべての症状におすすめのツボを載せました。イラストを参考に、基本のツボの位置を探して、その周辺を押したりさすったりしてみてください。基本のツボの位置から離れていても、しこりがあったり痛気持ちいい感覚があるところがあなたのツボです。

1 疲れやすい

HSPは、音やにおいなどを繊細に感じ取り、それらの情報が心の奥深くまで入り込みます。好きなにおいや音楽に触れている時は満たされるのですが、そうでない場合はとても苦痛に感じてしまいます。特に、大きな駅や商業施設など人が多いところをとても苦手にしている方が多いです。そういった場所では、騒音やきついにおい、明るすぎる照明など刺激が強いものに接することが多く、ぐったりと疲れてしまったり、気分が悪くなったりしやすいです。

また、人混みまではいかなくても、大人数の飲み会や同窓会といった集まりに参加するのも苦痛に感じる方が多いです。このような集まりでは、大きな声や香水のにおい、タバコの煙など、HSPにとっては刺激を受けやすい状況になります。さらに、人の感情を繊細に感じてしまうHSPは、こういった集まりに参加すると精神的にも疲れてしまいます。

人混みや雑踏で疲れるときには、気を補う漢方薬がおすすめ

ＨＳＰは、音やにおい、光など多くの刺激を受けやすいため、気を消耗しやすい傾向にあります。また、常に周囲に気を使い繊細に人の感情を感じ取るため、慢性的に疲れやすい状態になっています。気は、中医学で「エネルギーの源」と考えられていて、気が活発であれば体も元気になります。

人混みや雑踏で疲れやすいＨＳＰは、胃腸が弱く気が足りない方が多いので、胃腸の働きを良くし気を補うことが大事になってきます。漢方薬では、汗をかきやすく風邪をひきやすい方は『補中益気湯《ほちゅうえっきとう》』、お腹がポチャポチャし、胃もたれや食欲不振がある方は『香砂六君子湯《こうしゃりっくんしとう》』など、体の気を補う「補気薬」がおすすめです。

体質改善には普段から服用するのをおすすめしますが、人混みにいかないといけな

い時や大人数の集まりに参加するなど疲れることが予想される時は、その前に服用して気を補ってあげると疲れが軽減されます。

✳セルフケア✳

朝はしっかり、夜は負担にならない量で

朝ご飯を抜くのが習慣化すると、ミネラルやビタミンなどの栄養が不足がちになり、疲労がたまりやすくなります。特にＨＳＰは、空腹の状態でいると集中力が切れやすくなるので要注意です。また、夕食に必要以上の量をとってしまうと、睡眠時に胃腸が休まらず翌朝まで疲れが残りやすくなります。朝食はきちんと食べ、夕食は胃腸の負担にならない量にしましょう。よく噛んで食べることも消化吸収を良くし、疲労回復に役立ちます。

自然のゆらぎを大切に

オフィスビルの中や地下の店舗のように、温度や湿度が一定で変化がない環境は疲れやすいと言われています。木漏れ日やそよ風、小川のせせらぎや鳥のさえずりなど自然のゆらぎには、リフレッシュ効果があります。特にＨＳＰは、自然と触れあえると癒されることが多いので、オフィスワークでもお昼休みは意識的に外出して自然のゆらぎを感じましょう。

飲み会で疲れたら、場を離れてひとりで休もう

大勢の飲み会や集まりは、大きな声や騒音、たばこの煙、世間話やうわさ話などにあふれ、HSPにとって苦手なものばかり。普段よりもますます気（エネルギー）を消耗してしまいます。席が決まっていない飲み会ではなるべく端の方に座り、いつでも席を立てるようにしておくと楽です。そして、疲れたらトイレに立ったり、外へ出るなどしてひとりの空間でそっと休みましょう。

旅行はスケジュールを詰めすぎない

旅行をすると決まって疲れから体調を崩してしまうというHSPは多いです。普段と違うスケジュールで行動する旅行は心身ともに負担になることもあります。できれば、旅行は色々と詰め込みすぎないで、ゆったりとしたスケジュールで。時差のある場所を行き来する海外旅行は特に疲れやすいので、事前に漢方薬を服用して体力をつけておくと安心です。また、旅行から帰った後も、しばらくは休養にあてましょう。

気を補う食材を冷凍保存

ＨＳＰは、気が不足している気虚の方が多いので、気を補う食材を冷凍保存して常備しておくと便利です。例えば、しいたけやしめじなどのきのこ類はビタミンやミネラルなどの栄養が豊富で、冷凍すると香りやうまみが増すのでおすすめです。また、山いもは気を補う代表的な食材で、別名「山のうなぎ」と言われています。時間のある時にすりおろして冷凍しておくか、最近は市販の冷凍パックもあります。冷凍したきのこや山いもは、お味噌汁にもそのまま入れられ気軽に気を補えます。

下半身を鍛えて疲れにくい体に

ＨＳＰは、じっとしていることはそれほど苦ではない方が多いのですが、同じ姿勢を続けていると血行が悪くなり疲れのもとになります。動かず筋肉が減ってしまうと、パワーとスタミナも低下し、体力が落ちてしまいます。意識して体を動かした方が疲れが取れますし、体力づくりにも役立ちます（ただし、運動しすぎは逆効果です）。特に、全身の筋肉が集まっている下半身をよく動かすと疲れにくい体に。筋トレの中でも、お相撲さんでおなじみの「四股《しこ》踏み」は体幹を鍛えて姿勢も良くするのでおすすめです。

疲れにおすすめのツボ

●足三里（あしさんり）

ひざのお皿の下にある外側のくぼみから指4本分下のところ。

松尾芭蕉がお灸を据えたことでも有名な疲れに効くツボ。胃腸の調子を整え、むくみも解消します。

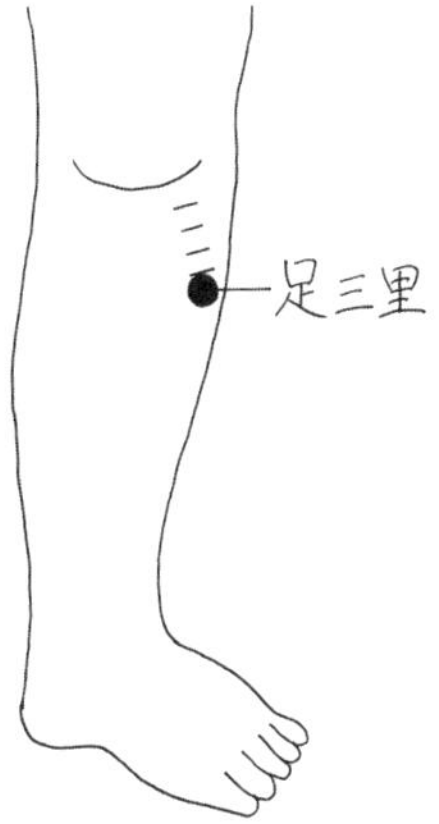

●関元（かんげん）

おへそから指４本分下のところ。
丹田（たんでん）とも言われ、気と血の流れを良くし元気を補うツボです。

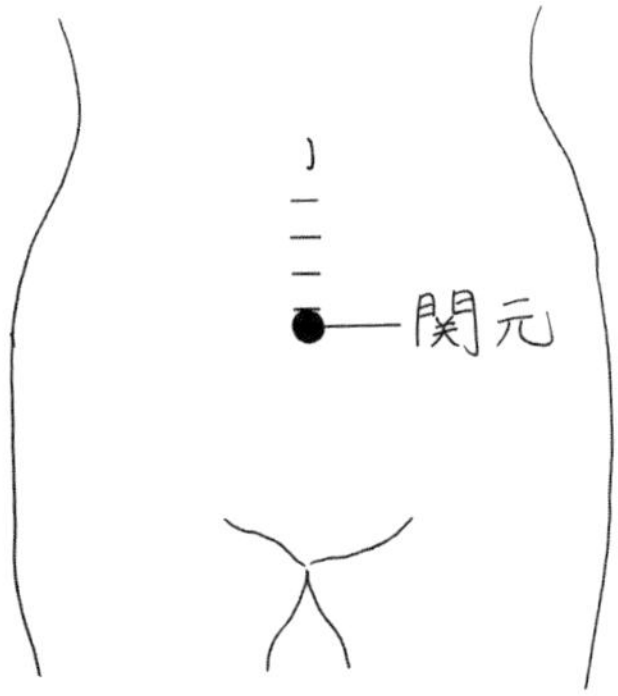

2 なかなか寝付けない、眠りが浅い

HSPは感覚が敏感で、日中に何か心が乱れる出来事があった時は、そのことがずっと気にかかり、夜になってもありありと思いだして、眠れなくなってしまいます。それが一日ならばまだ良いのですが、気になることが解決できなかったり、ストレスが解消できない場合は、神経が高ぶったままで眠れない日が続いてしまいます。

また、さまざまな刺激を敏感にとらえるため、ちょっとした音やにおいなどにも反応してしまい、眠りが浅い傾向にあります。特に、マンションやアパート暮らしをしている方では、上階や隣の音が気になって眠れない方も多いです。

眠れない日が続いてしまうと「また今日も眠れないのではないか」と不安になり、「早く眠らなければ」と思ってしまいます。焦れば焦るほど目が冴えてきたり、音に対してさらに敏感になってしまいます。

不眠のタイプ

不眠には、さまざまなタイプがあります。タイプ別のおすすめ漢方薬と快眠ポイント、また、すべてのタイプの方に良いセルフケアも挙げました。ぐっすり眠れると、体力がつき、精神も安定してきます。セルフケアを習慣にして、リラックスして眠りにつきましょう。

1 ― 神経が高ぶって眠れないタイプ

精神的緊張が続いていて眠れない方は、五臓で言う「肝」の働きが過剰になっていますす。肝の気を流して、神経の高ぶりを鎮める『抑肝散加陳皮半夏《よくかんさんかちんぴはんげ》』などの漢方薬がおすすめです。

▼快眠ポイント

神経が高ぶると、音に対してさらに敏感に反応して眠りづらくなります。耳栓をして眠ると音が小さくなり気になりにくくなります。耳栓はさまざまな種類がありますので、ご自分の耳にぴったり合ったものを探してみてください。

2 ― 疲れているのに眠れないタイプ

心身ともに疲れすぎていて、眠れない。また、眠れるが眠りが浅く、すぐに目が覚めてしまう。このような方は、体の血や水が不足し、精神の興奮を抑えることができなくなっています。体を潤し、熱を冷ます『酸棗仁湯《さんそうにんとう》』などの漢方薬がおすすめです。

▼快眠ポイント

体がのぼせているときは、冷却シートや保冷剤をくるんだタオルなどを頭や首に当ててると、スーッと体が冷まされて眠りやすくなります。

3 ― くよくよと思い悩んで眠れないタイプ

くよくよと思い悩んで眠れない場合は、「胆虚《たんきょ》」と言って決断をつかさどる胆が弱まっています。睡眠には決断を要すると言われています。胆の働きを強化する『温胆湯《うんたんとう》』などの漢方薬がおすすめです。

▼快眠ポイント

横になりながら、ゆっくりと呼吸し、呼吸に集中しましょう。特に、吸う息よりも吐く息を長く呼吸するのがおすすめです。日中の空いた時間に練習して身につけると、未来や過去にさまよわず「今」に集中できるようになります。

4 ― 眠りが浅く、夢をよく見やすいタイプ

このような方は「心脾両虚《しんぴりょうきょ》」と言って、日中は眠くて仕方がなく、食欲不振や疲

れやすい方が多いです。胃腸の働きを強化し、睡眠に必要な血を補う『帰脾湯《きひとう》』などの漢方薬がおすすめです。

▼快眠ポイント

血が不足していると、眠れなくなります。プルーンやレーズン、ブルーベリー、なつめ、クコの実などのドライフルーツ、ほうれん草、人参などの緑黄色野菜、レバー、黒豆、ひじき、黒ごまなど、色の濃い食べ物は血を増やすので意識的に食べましょう。

✳セルフケア✳

HSPは横になって休むだけでも楽になる

睡眠については、「眠くなってから寝床に入り、寝付けないなら起きている方が良い」とよく言われますが、HSPの提唱者であるアーロン博士は、「HSPの場合は実際に眠らなくても、横たわっているだけでも楽になる」と、著書に書いています。

知覚的刺激の80％は目から入ってくるので、目を閉じて休んでいるだけでも休息になるそうです。それでも、「今日も眠れないのでは……」と心配してしまうこともあるでしょう。そんな時は無理に横になろうとせず、本を読んで気持ちを落ち着かせたり、いったん体を起こして気分転換するのもおすすめです。

朝に日光を浴び、日中は運動を

体内時計の乱れは、不眠を引き起こす大きな原因になります。ＨＳＰは、特に生活リズムが乱れると体調を崩しやすく、不眠にもなりやすいです。体内時計を整えるには、朝起きたらしっかりと太陽の光を浴びることが何より大事です。そして、定期的な運動は睡眠改善にとても効果があります。ウォーキングやヨガなど、ご自分に合った軽い運動で構いませんので、何か運動習慣を身につけましょう。

夕方以降のカフェインと夜のニュースを避ける

HSPは、カフェインに敏感に反応します。カフェインは、目を覚ますことで有名ですが、コーヒーや紅茶、緑茶などの飲み物はもちろん、チョコレートにも入っています。敏感な方は少量のカフェインでも寝付けなくなるので、夕方以降は控えるようにしましょう。また、夜に怖いドラマや映画、残忍な事件などを取り扱うニュースを見てしまうと、影響を受けやすいHSPは眠りづらくなったり、悪夢を見てしまうことが多いです。夜は、楽しい気持ちになれるものや安らぐ内容のものを見るようにしましょう。

寝る前のブルーライトに注意

HSPは、パソコンやスマートフォンのブルーライトもまぶしく感じやすいので要注意です。寝る前にブルーライトを浴びると、明るい光を朝と判断し、目が冴えて眠れなくなると考えられています。寝る前に見るのは避け、夜は明るさを弱めたり、画面を暖色系に設定するなどしてブルーライト対策を。近くにスマートフォンがあるとついつい見てしまいがちな方は、寝るときは枕元から遠くに置くようにしましょう。

快眠におすすめのアロマ

アロマを焚いて部屋を良い香りで満たすと、眠りに入りやすくなります。快眠におすすめのアロマは、ラベンダー、オレンジスイート、ベルガモット、イランイラン、ゼラニウムなどですが、ご自分で香りを嗅いでほっと落ち着くものが一番です。色々と試して好きな香りを選んでみてください。専用の器具

がなくても、ティッシュに何滴かたらしたものを枕元に置いておくだけでも、繊細なHSPは香りを感じられるかと思います。

体のバランスを整える「片鼻呼吸」

質の良い睡眠をとるためには、交感神経と副交感神経のバランスを整えることが大切です。ヨガの「片鼻呼吸」を行うと自律神経や陰陽のバランスが整い、高いリラックス効果が得られて心地良い眠りに導いてくれます。

▼片鼻呼吸のやり方

① まず右の親指で右の鼻をおさえます。左の鼻から軽く息を吐いた後、左の鼻からゆっくりと4つ数えて息を大きく吸います。

② 吸い終わったら、親指はそのままで、薬指と小指で左の鼻を押さえて、ゆっくりと4つ数えて息を止めます（苦しくなるほど息を止めないように）。

③　親指をはなして右の鼻から息を8つ数えて少しずつゆっくりと吐きます。
④　息を吐ききったら、同じくそのまま右の鼻から4つ数えて息を大きく吸います。
⑤　②と同じように両方の鼻をおさえて息を止めて4つ数えます。
⑥　薬指と小指を離して、左の鼻から息を8つ数えて少しずつゆっくりと吐きます。
（①〜⑥をくりかえす）

秒数は目安ですので、息が苦しい場合は短く、楽な場合は長く延ばしていただいても構いません。

快眠におすすめの食べ物

なつめ、黒豆、ゆり根、温めた牛乳や豆乳、はちみつ

快眠におすすめの足ツボ

● 湧泉(ゆうせん)

足の裏で指を曲げた時に一番くぼむところ。

● 失眠(しつみん)

足の裏のかかとの中央の少しへこんだところ。

どちらのツボも寝る前に柔らかくもみほぐすと効果的です。

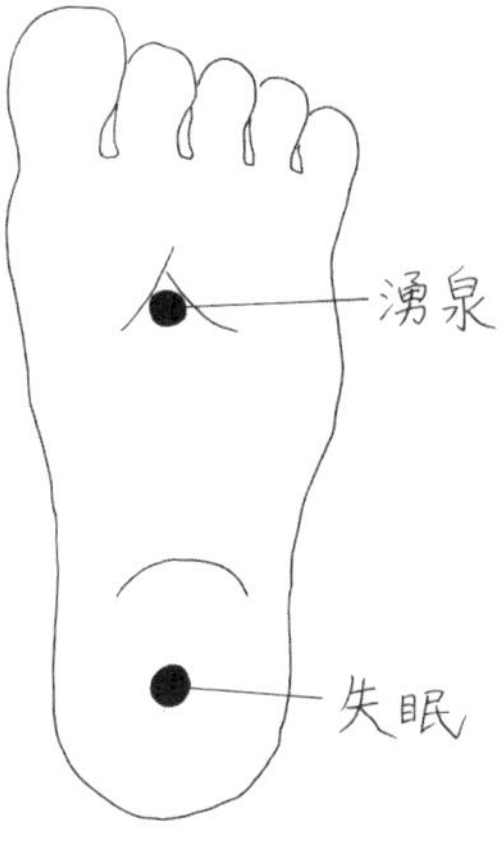

〈番外〉一日中ウトウトしたり、寝すぎてしまう

不眠の反対で、寝すぎてしまう、一日中ウトウトして眠たいというHSPもいます。そのような方は、胃腸の働きが悪く、体のエネルギーとなる気や血が作られないため活動する力が少なくなり、一日中ウトウトしたり眠たくなります。大半の方が疲れやすくて元気のない方が多いです。証で言うと、胃腸の働きが良くない「脾虚《ひきょ》」によく見られます。脾虚の方におすすめの漢方薬が、『香砂六君子湯《こうしゃりつくんしとう》』や『補中益気湯《ほちゅうえっきとう》』などで、胃腸の働きを良くし、体の源となる気や血を作ります。詳しくは、次のページからの「お腹が弱い」をご参照ください。

3 お腹が弱い

ＨＳＰは生まれつき胃腸が敏感で、子供の頃からお腹の調子があまり良くなかったという方もいます。冷たい食べ物や飲み物をとるとお腹が痛くなったり、食べすぎると下痢や吐き気に見舞われたり、食後に眠くなると言われます。食欲がなく、食べるとすぐに満腹になるため太れない方もいます。

また、ＨＳＰは化学物質や刺激物に敏感なため、食べ物に入っている食品添加物や化学調味料、農薬などに反応しやすいです。そういった食品を食べると体がだるくなるという方もいます。現代は加工食品にあふれているので、食品添加物などをすべて避けて食事をすることは困難です。胃腸の働きを良くする漢方薬の服用と胃腸になるべく負担をかけないセルフケアの併用で、少しずつ胃腸を強くしていくと症状も和らぎます。

漢方では、お腹の健康を重視します

お腹が弱いHSPは、「脾虚《ひきょ》」と言って食べ物を上手くエネルギーに変えられていない方が多いです。中医学で「脾」は消化機能の代名詞で、栄養を気や血に変える働きがあります。「脾」の働きが正常でないと、気や血が不足して、胃腸の様々なトラブルが出現します。

少し食べただけでもすぐにお腹がいっぱいになり、胃もたれ、嘔吐や下痢をする方には『香砂六君子湯《こうしゃりっくんしとう》』、食欲がなく、疲れやすくて手足がだるい方には『補中益気湯《ほちゅうえっきとう》』、胃腸が弱くてよく下痢をする方には、『参苓白朮散《じんりょうびゃくじゅつさん》』などの漢方薬がおすすめです。

また、HSPは、ストレスや緊張が重なると、下痢をしたり消化不良になることもあります。そういう方は、「脾」と共に「肝」の働きのバランスが悪い「肝脾不和《かんぴふわ》」の状態になっています。ストレスが原因で「肝」の働きが強くなりすぎると、「脾」

に影響が及び胃腸障害が出てきます。

ストレスに弱く、イライラするとみぞおちがつかえ、腹痛などの胃腸のトラブルが出やすい方には『柴芍六君子湯《さいしゃくりっくんしとう》』、イライラして疲れやすく、精神的な緊張とともにお腹が鳴ったり、腹痛、下痢や便秘を繰り返す方には『逍遥散《しょうようさん》』などの漢方薬がおすすめです。

漢方で重視するのは、お腹の健康です。胃腸の働きが良くなると、食欲が増し、食べ物からの栄養も吸収しやすくなります。気や血も充実してくるので疲れにくくなり、免疫力もついてきて、ストレスに対しても抵抗力がついてきます。

✳ セルフケア ✳

「ああ夏か」を避ける

胃腸が弱い方は、山いも、大根、きゃべつ、れんこん、かぶなどの胃腸の調子を整える食材や、みそや納豆、甘酒などの発酵食品を心がけて食べるようにしましょう。スープや鍋ものなど温かくして食べるのがおすすめです。逆に、避けた方が良いのは、甘いもの、脂っぽいもの、生もの、冷たいもの、辛いものです。頭文字をとって「あ・あ・な・つ・か（ああ夏か）」と覚えてください。

香りや酸味のある食べ物で気の巡りを良くする

ストレスや緊張からお腹の調子が悪くなる方は、気の巡りを改善する香りのある野菜がおすすめです。春菊、三つ葉、パセリ、セロリ、ミントなどのすっきりした香りのある野菜は気の流れを良くし、ストレスを解消する働きがあります。また、かんきつ類や梅干し、酢などの酸味のある食べ物

は肝の働きを高めて、気の流れを良くしてくれます。逆に、お腹が張ってガスやげっぷが多いときは、ガスを発生しやすいイモや豆を食べるのを控えめにしましょう。

食事日記を付ける

HSPは、食事中や食後に、胃腸の症状や眠気、だるさなどをしばしば感じる場合があります。そういう方には、その日食べた食べ物を日記などに書き残しておくのがおすすめです。日記を見返しながら、体調が悪くなる食べ物を見つけ出しましょう。それが分かると、次回からはその食べ物を避けたり、代わりになる食べ物を考えられるようになります。

嫌な人と一緒に食べるならひとりでランチ

リラックスした気分で食べると、自律神経が整い胃腸の働きも良くなります。逆に、ストレスを感じるような場面で食べると自律神経が乱れ、胃腸の働きが悪くなります。ですので、ストレスを受けるような上司や同僚、ママ友などといった人と一緒に食べるのを避けられるものならば避けるようにしましょう。食事は気の合う人と食べるとおいしく感じられますし、ＨＳＰは外へ出てひとりでゆっくりと自然の中でランチするのもおすすめです。

食事中は考え事をしない

仕事のストレスや、家事や育児のストレスなどを考えながら食事をすると、胃腸に影響を及ぼし消化吸収が悪くなります。食事の時は、考え事はいったん横に置いておいて、なるべく食事に集中して味わって食べるようにしましょう。難しい場合は、食事中に「今ここ」に意識を集中するマインドフルネスを実践することをおすすめします（詳しいマインドフルネスの説明は116ページをご参照ください）。

▼**食事中のマインドフルネスのやり方**

箸をあげて食べ物をとる⬇口に入れる⬇噛む⬇味わう⬇飲み込む、といった一連の動きをひとつひとつ意識しながら、ゆっくりと食事します。

時と場合によっては残す勇気も

まだ食べられる食べ物を残すことは、本来やってはいけないことです。特に、環境のことに興味があるHSPは、食品ロスの問題についてもよく考えていることと思います。しかし、小食の方が無理して食べてしまうと、胃腸の負担になり体調を崩す原因になりかねません。バイキングなど自分で食べる量を調節できる時は少なめにすれば良いですが、結婚式などに招待されて食べる量を調節できない料理の時は無理に食べずに、胃腸のために残す勇気も持ちましょう。

ご飯はエネルギーの源

近年は「太るから」という理由でご飯を食べない人が増えています。薬膳でお米は、気を補って体力をつける、胃の働きを高め消化吸収を良くする、ストレスを緩和するなどの働きがあると考えられています。炭水化物を控えすぎると、体は不足した糖分を補おうとお菓子など手っ取り早く食べられる甘いものを無性に欲してしまいます。ご飯は、粒のままで摂取するため、パンや麺類よりもゆっくりと消化・吸収されていきます。食べすぎなければ、ご飯は実は太りにくい食べ物なのです。特に、気虚の方は、ご飯はエネルギーの源になりますので、しっかり食べることをおすすめします。

朝起きたら白湯《さゆ》を一杯飲んでお腹すっきり

白湯（一度水を沸騰させて50度くらいにぬるくしたお湯）は、胃腸に負担がかからない飲み物で、便秘やお腹の張りが改善されたり、吹き出物がでにくくなるので美肌にも良いと言われています。冷たい水ではむくみやすいですが、温かい白湯に変えることで、老廃物の排泄が促され、むくみ改善も期待できます。特に、起き抜けの白湯は、胃腸の動きを活発にし、胃腸を温めることで全身の血流が良くなり、基礎代謝もアップするのでおすすめです。

お腹の調子を整えるツボ

●中脘（ちゅうかん）

おへそから指5本分上のところ。
胃腸の調子を整えて、食欲を回復させるツボです。

●天枢（てんすう）

おへそから左右外側に指3本分のところ。
お腹の張りや下痢など、胃腸の不調に良いツボです。

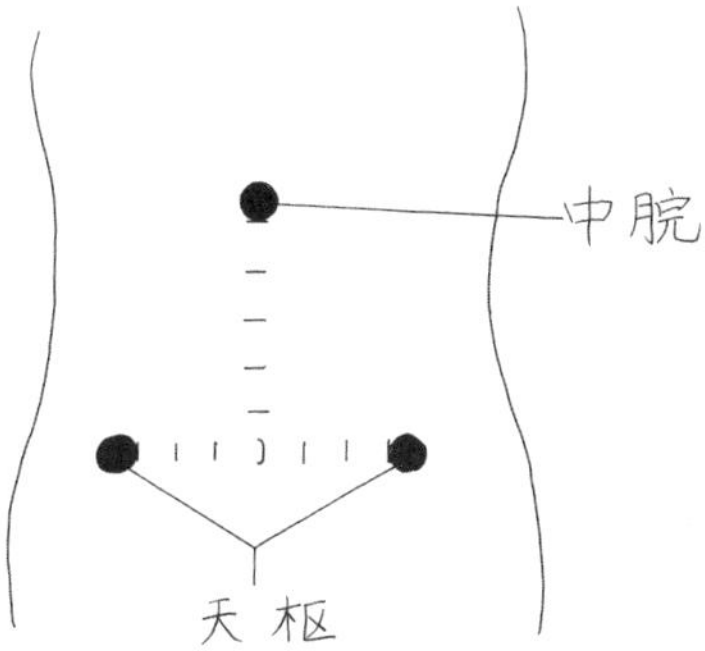

4 気持ちが不安定になりやすい

HSPは、人の表情や声のトーン、仕草などを読みとれるので、相手の感情に左右されすぎてしまったり、相手が望むとおりにしようとしてしまいがちです。人に深く寄り添えることは良いところではありますが、怒られている人や苦しんでいる人を見るとてもショックを受けてしまい、自分に関係のない出来事でもまるで自分が巻き込まれたかのように感じてしまいます。

また、責任感が強く完璧主義なところがあるため、必要以上に仕事を抱え込んで頑張りすぎたり、何かトラブルがあった時も「私のせいだ」と自分を責めてしまう傾向があります。

このように、いつも周囲に気を使いながら生活をしているので、常に神経を高ぶらせた状態でいます。それでもストレスを上手く解消できていれば問題ないのですが、長期間にわたってストレスがたまり続けていると自律神経のバランスを崩してしまい、気分の落ち込みや不安、イライラといったメンタルの症状を引き起こしてしまいます。

メンタルの症状にも漢方薬がおすすめ

メンタルの症状に使う西洋の薬は、シャープに効く反面、HSPにとっては効果が強すぎて副作用が起こる場合もあります。その点、漢方薬には即効性はないかも知れませんが、西洋の薬に多い強い眠気を誘発することもなく、副作用のリスクも少ないです。症状が改善したときには、薬を減らしたり止めたりしても離脱症状が起きにくいです。今、西洋の薬を服用していて負担に感じる方は、少しずつ漢方薬を使ってみることも考えてみましょう。

中医学は、体と心を一体としてみるので、精神の状態は体調と深く関係していると考えます。体の状態が良くなれば、自然と心も整っていきます。まずは、「気血」の巡りが悪いのが原因なのか、それとも不足しているのかを見ていきます。

「気血」の巡りが悪い場合

ＨＳＰは、思っていることを言えなかったり、普段は良い人を演じてしまい嫌なことも飲み込んでしまう方が多いです。そうすると、ストレスがどんどん溜まっていき、心の中にある怒りを発散できず、体調面に不調が出てきます。

五臓で「肝」は、血を巡らせて精神を安定させる働きがあり、ストレスを受けると「肝」の気の巡りが悪くなり情緒不安定になりやすいです。これを「肝気鬱結《かんきうっけつ》」と言います。肝気鬱結の方は、怒り・イライラ・憂鬱といったメンタル不調のほかに、胸や脇が張ったり、ため息が多かったり、片頭痛が起こりやすいです。

このような方へおすすめの漢方薬に『逍遥散《しょうようさん》』があります。『逍遥散』の「逍遥」には、気ままにぶらぶら歩くという意味があり、様々な症状が急に出たり消えたり、取り留めのない状態を現しています。このことから『逍遥散』は、不定愁訴が多く、精神不安や憂うつ感を訴える方に適しています。それらの症状に、のぼせやほてり、発汗などのホットフラッシュ症状を伴う方、イライラが強い方には、熱を冷ます『加《か》味逍遙散《みしょうようさん》』が向いています。ストレスにより胸や脇、お腹が張るように痛む方、頭痛や肩のこわばりが強い方には『柴胡疎肝湯《さいこそかんとう》』などの気を流す漢方薬がおすすめです。

「気血」が不足している場合

一方で、気や血が不足してもメンタル不調になりやすいです。HSPは、刺激にとても敏感で、何かと考えすぎたり心配ごとが多いですが、それらは気や血を消耗する原因となります。

五臓で「脾」は気や血を作り栄養を吸収して全身に運ぶ役割を担っています。「心」は血液循環を良くして、精神を落ち着かせる役割を担っています。考え事や心配事で「脾」の気血を作る働きが弱まると、「心」の血を養えなくなり精神が不安定になりやすくなります。これを「心脾両虚《しんぴりょうきょ》」と言います。食欲があまりなく疲れやすく、眠りが浅く夢をよく見て夜間に目がよく覚める方には『帰脾湯《きひとう》』などの漢方薬がおすすめです。

また、疲れやすく元気がないなどの気虚の症状と、顔色や髪にツヤがないなど血虚の症状が同時に出ている「気血両虚《きけつりょうきょ》」の方には『十全大補湯《じゅうぜんだいほとう》』などの気や血を補う漢方薬がおすすめです。

✴︎セルフケア✴︎

読書はストレス解消に効果的

HSPは、読書が好きな方が多いですが、読書はストレスの軽減にひときわ効果があると言われています。イギリスのサセックス大学の研究によると、「読書・音楽鑑賞・コーヒーを飲む・散歩をする・ゲームをする」の中で、読書は最もストレス軽減に効果があることが分かったそうです。ただし、本を読むことで現実世界を忘れてしまうくらい没頭するのが重要ということですので、まずはご自分の興味がある本を探してみましょう。

ネガティブな内容のテレビは見ない

ＨＳＰは、繊細な感覚を持っていて刺激を強く受けとめるため、ネガティブな内容のテレビや動画を見てしまうと、心の奥深くまで突き刺さり引きずりやすいです。特に、心が弱っているときは影響されやすいので、暴力的な内容の番組や犯罪・人の死が報道されるようなニュースは避けるようにしましょう。夜に見てしまうと、悪夢にもなりやすいので特に注意が必要です。

ラジオ体操で生活リズムを整える

生活リズムの乱れは、心身の健康にさまざまな影響を及ぼします。生活リズムを整えるために、気軽に始められるものでは、「ラジオ体操」があります。ラジオ体操は、有酸素運動とストレッチの要素を兼ね備えた運動と言われています。毎日同じ時間にラジオやテレビから流れるため、続けていくと生活リズムが徐々に整ってきます。運動をして体の緊張をほぐしてあげると、心の緊張もほどけやすくなるのでおすすめです。

今日起こった3つの良いことを書く

心理学者のショーン・エイカー氏によると、人は一度に注目できる範囲に限界があり、ポジティブなことを考えると、それまで頭を占めていた他の心配やイライラは背後に追いやられてしまうそうです。そこでおすすめなのが「今日起こった3つの良いこと」を書くこと。「今日食べたパスタがとても美味しかった」など、小さな出来事でも良いので具体的に書くことがポイントです。継続すると、ポジティブなものをまず見つけようとするパターンが身に付いてきます。

SNSから距離を置く

相手がどう感じるかを常に考えてしまうHSPは、SNSでストレスをためやすいです。返事がないと「変なことを書いてしまっただろうか」と思ったり、相手が何気なく書いた文章にも「怒っているのかな」と感じたり……本来は楽しいはずのコミュニケーションツールがこれでは疲ればかりがたまってしまいます。SNSでストレスを感じるようになってきたら、少し距離を置いてみるのも良いかも知れません。SNSを完全に絶つのが難しいのなら、SNSに触れる時間を決めたり、通知をオフにするなどから始めてはいかがでしょうか。

口角を上げると楽しい気持ちに

笑うことは気分の落ち込みを防いでくれます。しかし、落ち込んでいると笑う気分にならないかも知れません。でも、大丈夫です。無理にでも口角を上げて笑ってみるだけで、脳は楽しいと錯覚して快感や多幸感を得られると言われています。気分が上がらない時や憂鬱な時ほど、朝起きて鏡に向かってにっこりと笑いかけましょう。体と心は密接につながっているので、楽しい顔をすれば楽しい気持ちになっていきます。

マインドフルネス

マインドフルネスは、今、自分に起こっている心や体の状態に気づいて、ありのままに受け入れていく瞑想です。過去の後悔や未来への不安は脇に置いて、「今ここ」だけに注意を向けていきます。また、マインドフルネスは、ＨＳＰのストレスや不安の低減と相性が良いと言われています。毎日、少しずつでも良いので、自由に楽しんで行うことが一番のポイントです。

▼マインドフルネスのやり方

① 座って、背筋を伸ばし、姿勢を整えます。

② 呼吸を整えながら、深呼吸を1、2回行いましょう。
③ 目を閉じ、ゆっくりと鼻呼吸をはじめましょう。
④ 呼吸に意識を向け、お腹のふくらみやへこみを観察してみましょう。
⑤ 雑念が湧いたときは、それを素直に感じて受け入れ、再び「今ここ」に意識を向け、呼吸を続けましょう。
⑥ 5〜20分程度行ったら、ゆっくりと目を開け意識を戻していきましょう。

リズム運動

マインドフルネスと共におすすめなのは、リズム運動です。リズム運動とは、ウォーキングや軽いジョギング、ヨガ、太極拳、気功など一定のリズムを重視した運動のことです。リズム運動を行うと、精神の安定に重要なセロトニンが活性化し、ストレスの解消に役立つと言われています。運動がつらいときは、ガムを噛んだり、一定のリズムで呼吸するだけでも効果があります。ポイントは毎日5分以上、できれば

15〜30分ほど疲れない程度に行うことです。

気持ちが不安定な時におすすめのツボ

●労宮（ろうきゅう）

手のひらのほぼ真ん中、こぶしをにぎった時に中指の先端があたるところ。

●内関（ないかん）

手首の付け根のしわから指3本分下。

どちらのツボも精神を安定させる作用があります。

身近な人に押してもらうのもおすすめです。

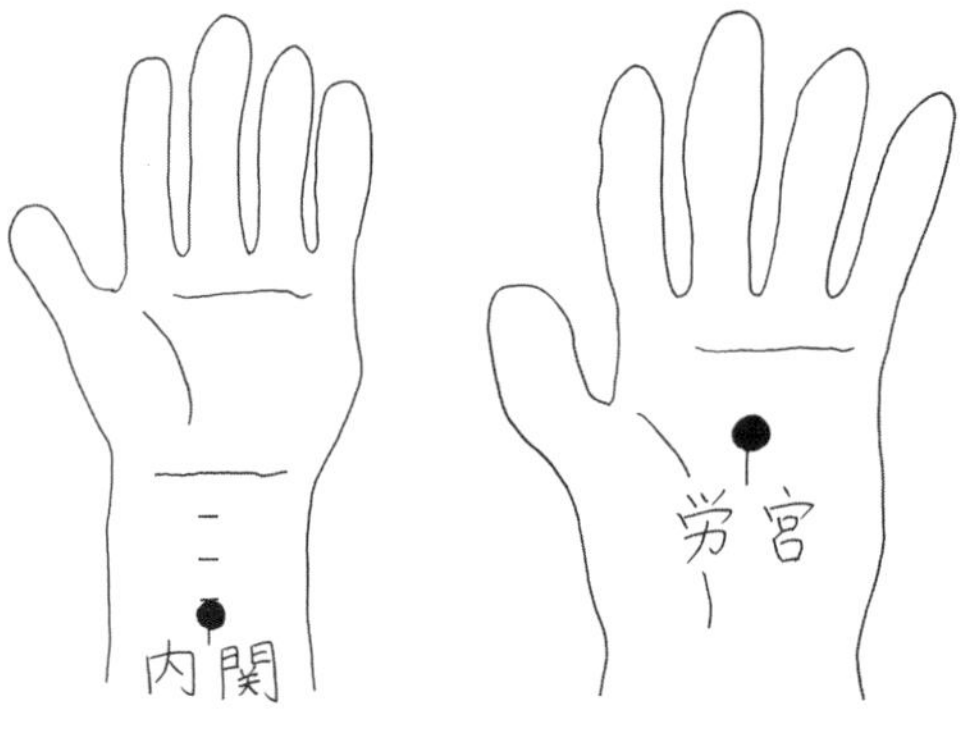

5 痛みを感じやすい(頭痛・生理痛)

HSPは、体内の変化にも敏感なので、体が発する痛みを感じやすいです。その痛みはさまざまで、頭痛や肩こり、生理痛などの症状をよく訴えます。一方で、HSPは感覚が敏感なため、痛くなる前兆を感じやすく、予防しやすいという利点がありま す。例えば、雨の降る前のにおいで頭痛がくるのが分かる、生理の2日前に鈍くて弱い痛みを感じるなど、痛みの前兆をキャッチしやすいです。

鎮痛剤を服用する場合は、痛みの前兆を感じたそのときにすぐ飲むと、痛みを最小限に抑えやすくなります。逆に、痛くなってから飲むと効果が出にくいのでHSPの利点をうまく使って、痛みを予防しましょう。漢方薬と併用しながら、鎮痛剤を徐々に減らしていくことも可能です。

5-1 頭痛

頭痛には、あまり心配いらないものもあれば、脳の異常が原因で命に関わるような危険な頭痛もあります。激しい痛みに吐き気や嘔吐を伴うもの、意識障害やしびれなどの症状があれば、早急に病院で受診されることをおすすめします。

これに対して、検査をして明らかな異常がないにも関わらず起こる頭痛を「機能性頭痛（慢性頭痛）」と言い、片頭痛や緊張型頭痛、群発頭痛があります。いわゆる「頭痛持ち」の頭痛と呼ばれ、ＨＳＰによくみられます。そして、機能性頭痛は、漢方の得意とする分野でもあります。

頭痛は、ご自分の頭痛のタイプを知り、体質に合った漢方薬を服用すると徐々に良くなっていきます。同時にセルフケアを実践し、体を労ることが大切です。

頭痛のタイプ

1 ― 疲れにより悪化するタイプ

人混みに出かけたときや頑張ったり無理をしすぎたときなど、疲れにより悪化する頭痛は、HSPに多く見られます。体のだるさや無気力、食欲不振など、気虚の症状を伴います。このようなタイプには気を補う『補中益気湯《ほちゅうえっきとう》』や『香砂六君子湯《こうしゃりっくんしとう》』などがおすすめです。しくしくと痛み、生理に伴ってよく起こる頭痛には血を補う『四物湯《しもつとう》』や『当帰芍薬散《とうきしゃくやくさん》』も併用すると良いでしょう。

2 ― イライラやストレスを伴うタイプ

ストレスや緊張、不安などを日常に感じているHSPによく見られる頭痛です。イライラする、胸が苦しい、お腹が張る、眠れないなど、気滞の症状を伴います。このようなタイプは、気の巡りを良くする『加味逍遙散《かみしょうようさん》』や『逍遙散《しょうようさん》』、『柴胡疎肝湯《さいこそかんとう》』などがおすすめです。

3 ― 雨の日や台風の前に痛むタイプ

雨がくる前や台風の前に悪化する頭痛で、梅雨は湿度が高いためとてもつらい季節です。頭が重く、しめつけられるように感じやすく、めまいも伴いやすいです。このようなタイプの方は、水分代謝が悪いため、水はけを良くする『苓桂朮甘湯《りょうけいじゅつかんとう》』などがおすすめです。

4 ― 頭痛全般に

風邪をひいた時の頭痛から原因の分からない頭痛まで幅広く用いることができる、頭痛のファーストチョイスの漢方薬『清上蠲痛湯《せいじょうけんつうとう》』。目がチカチカする、目の周囲から奥が痛む頭痛にも適しています。頭痛が起こりそうなときに頓服《とんぷく》として使用するのがおすすめです。

✳ セルフケア ✳

頭痛になりやすい状況を避ける

頭痛は、光や音の刺激、におい、空腹、疲労、天候の変化、精神的緊張などに誘発されると言われています。これらは、HSPが特に敏感に感じやすいものです。人によって起こりやすい条件は違うので、頭痛が起きた時に何をしていたか日記をつけるなどして把握し、原因となる条件や時期を避けることが頭痛の予防につながります。また、体調が優れないときになりやすいので、その時は外出をしないで休養にあてましょう。旅行や出張など、疲れるような行事の前に漢方薬を服用しておくのもおすすめです。

起床と就寝の時間を乱さない

頭痛の予防には、「毎日同じ時間に起きて、同じ時間に寝ること」が何よりの薬だと言われています。これを「サーカディアン・リズム」と言いますが、起きる時間と寝る時間をきちんと一定にして、体にリズムを作ることを指します。ＨＳＰは、生活のリズムが崩れると途端に体調を崩しやすくなりますので、特に気を付けましょう。夜型の生活や週末の寝だめが続くと、やがて慢性的な時差ボケの状態になり、頭痛を重くするので要注意です。平日と休日の睡眠時間の差は２時間以内にとどめましょう。

同じ姿勢をとらず、緊張をほぐす

長時間同じ姿勢でいると、脳にとても負担がかかり頭痛が起こりやすくなります。特に、デスクワークの方は、目の疲れや倦怠感などとともに頭痛が起きることが多いです。短くても良いので、意識的に席を立って適切に休憩するようにしましょう。座っているときも、両肩を上げてストンと落としたり、首を回したり、前屈したり、後ろに反ったりして、簡単なストレッチができます。首や肩の緊張が凝り固まると、頭痛が起きやすいのでこまめにほぐすように心がけてください。

乗り物で頭痛がするときに

HSPには、乗り物に乗ると頭痛がするという方もいます。HSPは、走行中の気圧の変化や振動、乗り物特有のにおい、強い日差しなどを感じやすく、これらが頭痛の原因になると考えられています。バスならば、エンジンの振動が伝わる後部座席やタイヤの上の座席は避けましょう。新幹線は、対向車両がすれ違う方の窓側は気圧の変化や衝撃を受けやすいので反対の方の窓側や通路側がおすすめです。146ページの「乗り物酔いしやすい」もご参照ください。

頭痛におすすめのツボ

●風池（ふうち）
耳の後ろの突出した骨と、首から頭につながる太い筋肉との間のくぼみ。

●天柱（てんちゅう）
後頭部の突出した骨のすぐ下のくぼみ。首から頭につながる太い2本の筋肉の外側。

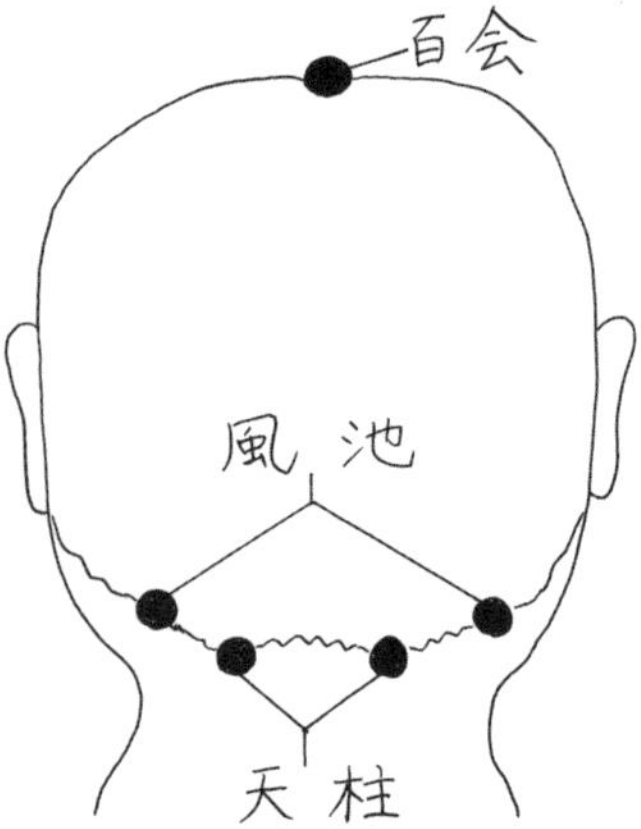

首や肩こりからくる「緊張型頭痛」のツボ。どちらも上半身の筋肉のこりを緩め、頭の血流を良くする作用があります。

●百会（ひゃくえ）

両耳と頭頂部に向かって結んだ線と鼻から上にのびる直線が交わるところ。

頭がズキンズキンと痛む「片頭痛」のツボ。鎮痛効果があり、上がった気を鎮め、過敏になった脳を落ち着かせます。

5-2 生理痛

中医学では、「生理痛はないのが当たり前」と言われますが、HSPは痛みにとても敏感なので、生理痛を感じる方が多いようです。

ただし、生理痛があっても日常に支障をきたさない痛さならば多くの場合問題ありません。問題なのは、婦人科などで検査をしても異常はないのに、生理痛で毎月苦しんでいる方です。このような方には、漢方薬とセルフケアがおすすめです。血の入れ替えには、4ヶ月かかると言われています。少し時間はかかりますが、実践していくうちに徐々に痛みが和らいでいくと思います。

生理痛のタイプ

1 ― 冷えが原因で血流が悪いタイプ

しもやけになるなど冷え性がひどく、冷えると痛みが悪化します。経血の色が暗く、血の塊があり、経血がすっきりと出ないことが多いです。冷えが原因で血流が悪くなり、「瘀血《おけつ》」という血の塊が出来るために生理痛が起こります。

このようなタイプには、血を補い体を温める『四物湯《しもつとう》』、血を補い水をさばきむくみをとる『当帰芍薬散《とうきしゃくやくさん》』、体を温め血行を良くし冷えや痛みを除く『当帰四逆加呉《とうきしぎゃくかご》茱萸生姜湯《しゅゆしょうきょうとう》』などがおすすめです。また、女性の聖薬と言われ、気や血の流れを良くし瘀血を改善する『芎帰調血飲第一加減《きゅうきちょうけついんだいいちかげん》』などを併用します。

2 ― ストレスが原因で気血の巡りが悪いタイプ

生理前にイライラや不安感、胸や両脇の張りを感じます。経血の色が暗く、血の塊が見られます。ストレスが原因で気や血の巡りが悪くなり、瘀血が出来るため生理痛が起こります。ストレスの増減によって痛みの強い月と弱い月があります。

このようなタイプには、気の流れを良くする『逍遙散《しょうようさん》』、『加味逍遙散《かみしょうようさん》』などに、瘀血を改善する『芎帰調血飲第一加減《きゅうきちょうけついんだいいちかげん》』、のぼせにより顔や手足がむくみやすく、うっ血しやすい方には『桂枝茯苓丸《けいしぶくりょうがん》』などを併用します。

3 —— 疲れや貧血が原因で気血が不足したタイプ

生理の後半に痛みを感じ、お腹を押すと痛みが和らぎます。経血の色が薄く、量が少ないです。疲れや貧血などが原因で気や血が不足して、生理痛になります。痛みはそれほど強くなく、しくしくした痛みを感じます。

このようなタイプには、血を補い生理を整える『四物湯《しもつとう》』や『当帰芍薬散《とうきしゃくやくさん》』をベースにして、気や血を補う『帰脾湯《きひとう》』や『十全大補湯《じゅうぜんだいほとう》』などを併用します。

✴セルフケア✴

お風呂にしっかりつかる&足湯

冷えから生理痛になっている場合が多いので、シャワーだけですまさず、ゆっくりとお風呂につかるようにしましょう。お風呂で血の巡りが良くなると、痛みの物質であるプロスタグランジンの代謝が促されて、生理痛が緩和することもあります。生理中は湯船につかりたくない方には、足湯もおすすめです。しょうがやシナモン（アロマオイルも可）を入れるとさらに体が温まり、痛みを和らげてくれます。

肌の弱い方には綿のナプキンがおすすめ

ケミカルナプキンのヒヤッとした感触が嫌な方は、綿素材のナプキンがおすすめです。天然コットンを使用したナプキンはお肌にやさしく肌触りが温かく、これに変えて生理痛が楽になった方も。ＨＳＰは敏感肌の方も多く、生理の度にデリケートゾーンがかぶれやすいというお悩みをお持ちの方もいます。綿のナプキンは、ケミカルナプキンに比べてムレにくくにおいも少ないようなので、肌の弱いＨＳＰにもおすすめです。

体に負担をかけるダイエットは避ける

無理なダイエットを繰り返していると、体に必要な栄養が不足し、女性ホルモンのバランスは乱れ、生理痛を生じやすくなります。〇〇だけのダイエットといった極端な方法では見た目はやせても健康的な体とは言えず、生理周期が狂ったり生理が来なくなる可能性もあります。バランスの良い食事と運動による体づくりをすることにより、「今日はあれが食べたいｏｒ食べたくない」と、体の声が聴けるようになっていきます。生理痛を改善するためにも、体に負担をかける無理なダイエットは避けましょう。

生理痛に「バタフライのポーズ」

① 床に座り、両足の裏を合わせてお腹の方に引き寄せる
② 息を吐きながら、股関節から上半身を前に倒す
③ 息を吐ききったら、ゆっくりと元に戻す

骨盤周りの血行を良くするヨガのポーズです。筋肉がほぐれることで血の巡りが良くなり、骨盤周辺が温められ、生理痛に効果的なポーズと言われています。

下のイラストの「寝たバタフライのポーズ」は、寝る前に行うと落ち着いてリラックスできますのでこちらもおすすめです。

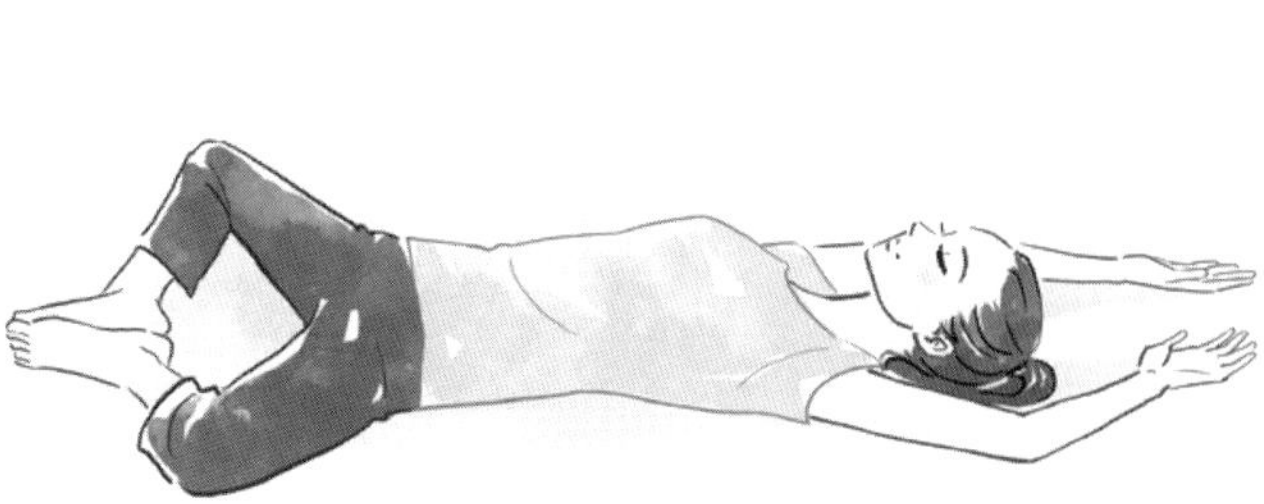

生理痛を緩和する食べ物

① 子宮の収縮を緩める「マグネシウム」や「ビタミンB6」が豊富な食べ物

わかめ・昆布などの海藻類、ナッツ・ごまなどの種実類、豆腐・納豆などの大豆製品（マグネシウム）
かつおなどの赤身の魚、ヒレ肉やささみなどの脂が少ない肉類、レバー、パプリカ、さつまいもなど（ビタミンB6）

② 女性ホルモンの分泌をサポートする「ビタミンE」が豊富な食べ物

アボカド、モロヘイヤ、かぼちゃ、ほうれん草、赤ピーマン、ナッツ類、うなぎ、ぶりなど

③ 血流を良くする「EPA・DHA」が豊富な青魚

まぐろ、さば、さんま、ぶり、いわしなどの青魚

④ 体を温め、血流を良くする食べ物

しょうが、にんにく、にら、タマネギ、長ネギ、かぼちゃなど（体が熱くのぼせている方は、とりすぎないようにしてください。）

生理痛を改善するために控えた方が良い食べ物

① 体を冷やす食べ物

体を冷やしてしまうと、血液の循環が悪くなり痛みが強くなります。氷入りの飲み物やかき氷・アイスは避け、トマトやきゅうりなどの夏野菜や刺身などの生ものは食べすぎに注意しましょう。

② カフェインの多い飲み物

カフェインには血管収縮作用があるため、摂取しすぎると血行が悪くなります。コーヒー、緑茶、紅茶などは飲みすぎないようにし、カフェインレスコーヒー、

ハーブティ、麦茶などカフェインの入っていないものがおすすめです。

3 ファストフードやインスタント食品

添加物を多く含んだ食品ばかりを食べていると、体に必要な栄養が不足してしまい、貧血の原因になったり、血行が悪くなることがあります。手作りの料理が理想ですが、難しいようならなるべく素材に近い加工品を選びましょう。

4 スナック菓子、ケーキ、チョコレートなどの甘いお菓子

糖分を多く含む食べ物を摂取すると、血行が悪くなり瘀血《おけつ》が出来やすくなります。ナッツ、レーズン、栗、サツマイモなど自然食品のお菓子に変えたり、砂糖は体を温める黒砂糖がおすすめです。

食生活のバランスを整えることは、ホルモンバランスの安定につながります。温かく栄養バランスの整った食事を心がけることで、生理痛のつらさを緩和させることが

できます。ただし、無理に食べたいものを我慢しすぎるのもストレスになり生理痛にも良くありませんので、できるところから少しずつ始めていきましょう。

生理痛におすすめのツボ

●三陰交（さんいんこう）

内くるぶしの一番高いところから、すねに沿って指4本分上の骨のきわ。

子宮の機能を整えて、生理の不調や冷えを改善します。婦人科系の万能ツボです。生理痛がひどい方は、日頃から三陰交にお灸をするのをおすすめします。お灸は、火を使わないタイプのものがじんわりと暖まるので、肌の弱いHSPに向いています。

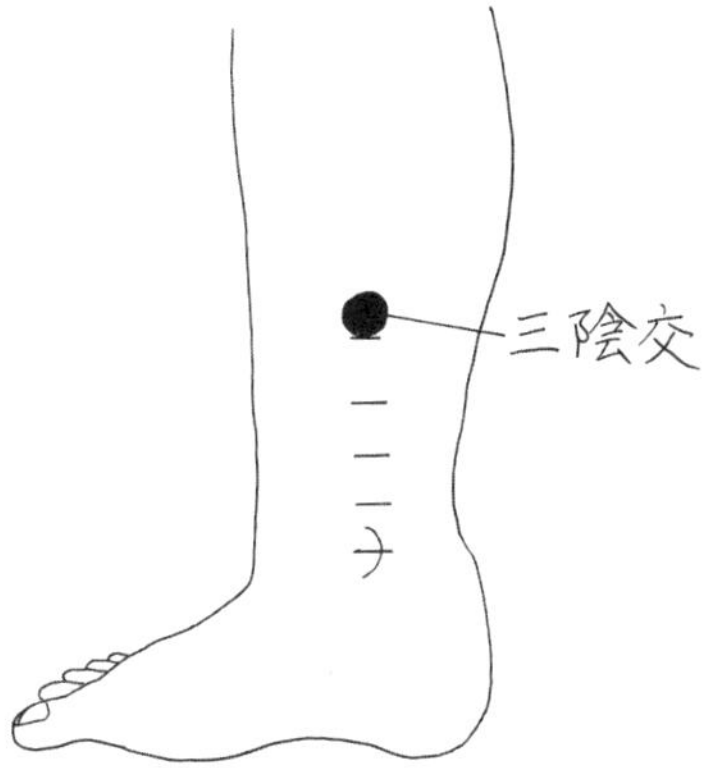

6 パニックになりやすい、緊張しやすい

刺激に対して敏感に反応するＨＳＰは、急な予定変更や突発的な出来事に遭うとパニックになりやすいです。ＨＳＰは、予感や直感に優れており、ミスをしたり忘れたりしないよう常に気を使い丁寧に物事を進める反面、予期せぬ事態が起こると神経が高ぶりすぎてパニックになってしまうことがあります。

また、卒業・入学、就職や異動、転勤などで今までの環境がガラリと変化した時に、新しい環境にうまくなじめず、ストレスを感じたり、緊張を感じやすい傾向にあります。

多少の緊張感は人にとって必要で、直さないといけないことはありません。しかし、その緊張感があまりにも激しかったり、ストレスで本来の自分を出せない方は、漢方薬を一度試されてみてはいかがでしょうか。

中医学で「パニック」とは？

パニックになりやすい方は、肝が高ぶっている方が多いです。「肝」は五行の中の「木」にあたり、のびのびと木の枝や幹が伸びるように、リラックスした状態を好みます。HSPは、あらゆる刺激を敏感にキャッチしやすく、この肝が高ぶっている方が多く見られます。肝がストレスにさらされてしまうと、自律神経系の働きがうまくいかなくなり、冷静さを保ちにくくパニックになりやすくなってしまいます。

このような方には、肝の高ぶりを抑える『抑肝散加陳皮半夏《よくかんさんかちんぴはんげ》』などがおすすめです。興奮によって生じる手足のふるえや筋肉のけいれん、貧乏ゆすりやチックなどの症状にも良く、ストレスの発散ができず、神経が高ぶる場合に適しています。

パニックの時に、動悸が強い場合

パニックの中でも、おへその下から胸のあたりまで突き上げてくる激しい動悸がするのを中医学で「奔豚気《ほんとんき》」と言います。まるで、胸腹部を子豚が駆け回っているかのような激しい動悸から名前が付けられました。奔豚気の方は、不安感が非常に強く、人前に出ると緊張してドキドキしたり、ストレスが溜まりやすくイライラしやすい傾向にあります。動悸の他には、全身の発汗、息苦しさ、顔面紅潮、焦燥感、咽喉閉塞感などが伴うこともあります。

下から突き上げてくるような動悸を訴え、緊張で神経が高ぶる方には『苓桂甘棗湯《りょうけいかんそうとう》』、動悸が目立って苦しい場合や不安感が強い方には『定悸飲《ていきいん》』などがおすすめです。人前に出ると緊張してドキドキしてしまう場面などが予想される時には、あらかじめ服用しておくと不安が軽減されます。

✳セルフケア✳

不安な気持ちを無理に抑え込まない

パニックになった時に、「またなってしまった。早く抑えなければ」と思えば思うほど、そのことが新しい刺激になって増強されることがあります。例えば、人前に立っている時に汗が出てきたので「汗を抑えなければ」と思えば思うほど、顔や体がほてりさらに汗が出てきてしまいます。それを回避するには、不安な気持ちを無理に抑え込もうとしないこと。「汗が出てきた」という事実だけに着目して否定しないで体の反応を受け入れていると、少しずつパニックは収まっていきます。116ページのマインドフルネスもご参照ください。

緊張する時は、ガムを噛もう

スポーツ選手が試合中にガムを噛んでいるのをよく目にしますが、ガムを噛むことは精神を安定させ、ストレスを軽減させる働きのある「セロトニン」を増やす効果があります。特に、人前で緊張する方は、面接やプレゼンなどの前にガムを噛むのがおすすめです。緊張すると口の中が乾いてしまうので、ガムを噛むと唾液の分泌が促され口の中が潤い、スムーズに話しやすくなります。

腹式呼吸でリラックス

パニックになったときは呼吸が早く浅くなっていますので、呼吸に意識を向けることが大切です。意識的に吸う息よりも吐く息を長くし、パニックが収まるまで続けてみましょう。リラックスして寝ている時などは、自然と腹式呼吸になっています。HSPは、人に見られているとストレスを感じて本来の力を出せない時もありますが、腹式呼吸を体得できるとプレッシャーのかかる場面でも落ち着くようになっていきます。

▼腹式呼吸のやり方

① 下腹がへこんでいくのを意識しながら、ゆっくりと鼻から息を吐く。

② 吐ききったら、腹の力をふっと緩める

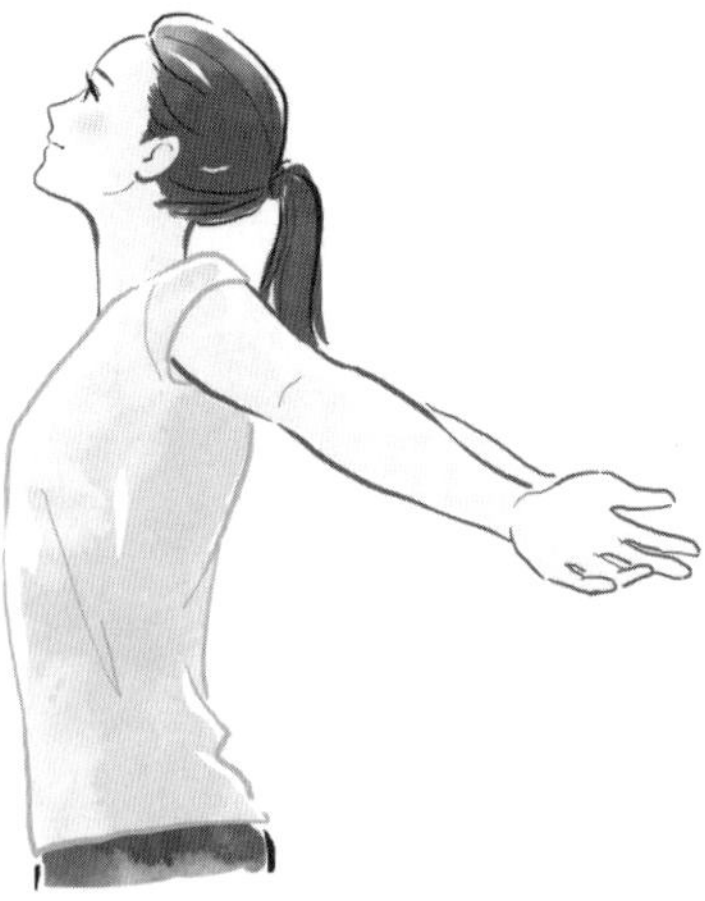

と、息は自然に入ってくる。これをゆっくりと繰り返す。

緊張をほぐす「筋弛緩法《きんしかんほう》」

緊張した状態が続いていると、筋肉がこわばってしまいます。そんな時は「筋弛緩法」を用いて、意識的に一度緊張させてから脱力すると、筋肉が緩みます。この情報は脳に伝わり、リラックスできるようになります。

▼筋弛緩法のやり方

① 胸を張りながら、肩をすくめるように力を入れます。
② そのまま5～6秒キープします。
③ 肩をストンと下げ、脱力します。

不安を和らげる食べ物

パニックに応用される漢方薬『苓桂甘棗湯《りょうけいかんそうとう》』に入っているなつめは、精神を安定させてくれる働きがあります。皮がかたいのでそのまま食べると胃もたれする方は、お茶と煮出して「なつめ茶」に。砂糖やはちみつと煮て、甘露煮にしても美味しいです。生で食べる場合は、大きくて実がふかふかして食べやすい新疆《しんきょう》ウイグル産のものがおすすめです。なつめのほか、牛乳、卵の黄身、ゆりね、蓮の実、全粒粉なども不安を和らげてくれる食べ物です。

パニックや緊張する時におすすめのツボ

●間使(かんし)

手首のしわの中央から、ひじ方向に指4本上。

呼吸を深くし心の機能を高め、不安に伴う動悸や

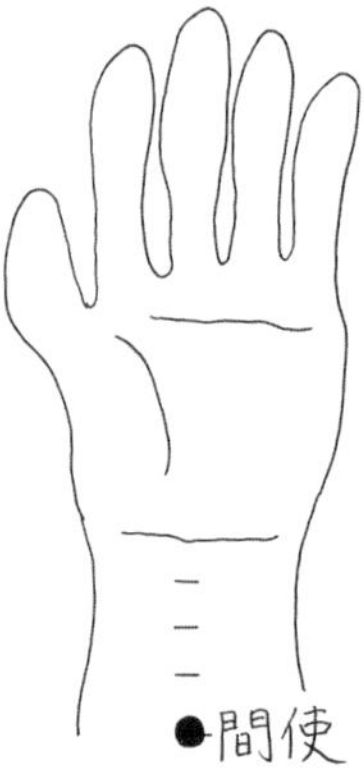

息切れにも効果があります。

●膻中（だんちゅう）

体の中心線と左右の乳頭を結んだところ。緊張や気分の不安、落ち込みに。深呼吸をして吐くときに、ふーっとモヤモヤした気を外に全部出してしまうイメージで押すと効果的です。

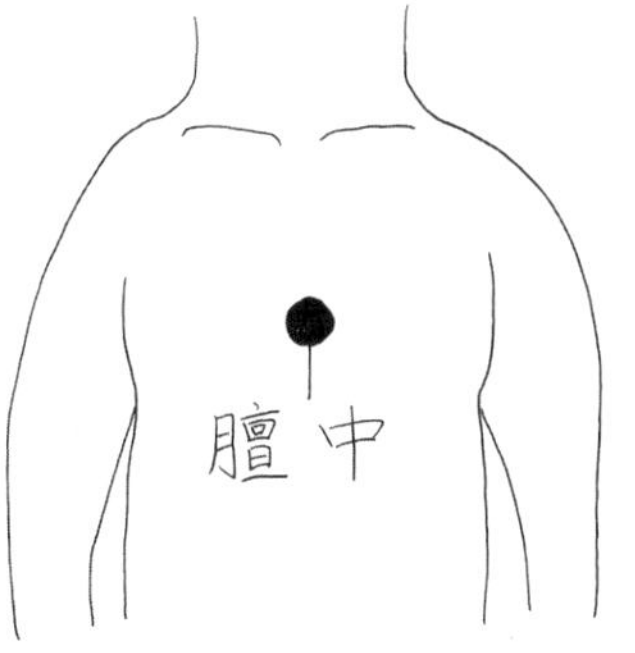

7 乗り物酔いしやすい

HSPの中には、小さな時から乗り物酔いを経験していて、大人になった今も続いていてつらい思いをしている方がいます。乗り物の振動によって体の平衡機能が損なわれると、嘔吐やめまいといった自律神経症状を引き起こし、「乗り物酔い」になります。HSPは微細な振動を感じやすいため、乗り物酔いになりやすいです。

また、遠足や旅行では、普段の行動とは違うスケジュールをこなしたり、急な予定変更が入ってくることもあります。普段から車や飛行機に乗り慣れていない方は、目まぐるしく変わる風景を見たり、加速や減速を繰り返し曲がりくねった道で体が揺れる場面に遭う経験も少ないかと思います。

HSPは、予定外の出来事や日常慣れていない行動が苦手なため、神経が高ぶりエネルギーを多く消耗してしまいます。それにより疲れやすくなり、乗り物酔いをしやすくなります。

乗り物酔いのタイプ

中医学で「乗り物酔い」は、大きく3つのタイプに分けられます。どのタイプも漢方薬は乗り物に乗る直前ではなく、数日前から服用し始める方が乗り物酔いになりにくいです。

1 ――「痰湿《たんしつ》」タイプ

乗り物酔いは、中医学では「痰湿」タイプの方がなりやすいと考えられています。痰湿とは、水分の代謝が滞って、体に余分な水分が溜まっている方です。普段からめまいや吐き気などに悩まされることが多く、乗り物に乗るとさらに気分が悪くなる方が多いです。雨の日の通勤や通学で、電車やバスに乗っていると体調が悪くなってしまうのも、この「痰湿」タイプの方が多いです。

このようなタイプには水をさばく『苓桂朮甘湯《りょうけいじゅつかんとう》』などが適しています。また、『藿《かっ》香正気散《こうしょうきさん》』は、海外旅行などで飲みなれない水を飲んで吐き気がしたり嘔吐する場合にもおすすめです。みぞおちに水がたまり、たちくらみや激しいめまいがする時には、沢瀉と白朮《たくしゃとびゃくじゅつ》の2味からなり、即効性のある『沢瀉湯《たくしゃとう》』を頓服で使用すると良いでしょう。

2 ― 「気虚《ききょ》」タイプ

気は、中医学では生命活動の源、エネルギーと考えられています。その気が不足している場合、疲れが溜まったり、ストレスがかかったりすると、ますます気が不足して症状が悪化します。したがって、山登りなど体力を使った時や疲れがたまってきやすい旅行の後半に乗り物酔いになりやすいです。

このようなタイプには気を補う『補中益気湯《ほちゅうえっきとう》』や『参苓白朮散《じんりょうびゃくじゅつさん》』などがおすすめです。

3 ―― 「気滞《きたい》」タイプ

乗り物への不安や精神的なストレスを抱えている「気滞」の方もなりやすいです。気は、全身を滞りなく巡っているのが元気な状態ですが、ストレスや疲労などで気の巡りが停滞すると、症状が起こりやすいです。飛行機に乗る前にひどく不安になる方は、「気滞」タイプによく見られます。

このようなタイプには気を流す『逍遙散《しょうようさん》』や、気分を鎮める『定悸飲《ていきいん》』や『苓桂甘棗湯《りょうけいかんそうとう》』などがおすすめです。

✳ セルフケア ✳

乗り物に乗る予定日より前から体調を整える

体調が悪いと乗り物酔いをしやすくなります。旅行前は、無理な予定を入れずに体調を整えましょう。HSPは、遠足や旅行の前日に緊張や興奮で眠れなかったり、時間に遅れないように考えすぎて当日は早く起きてしまいがちです。睡眠不足で体が疲れていると酔いやすくなります。荷物の準備は早めに済ませ、ゆっくりとお風呂につかり、夜はスローな音楽をかけたりアロマを焚いたりして、ゆったりと過ごし興奮を鎮めましょう。

振動の少ない座席を選ぶ

ＨＳＰは振動を感じやすいので、振動がなるべく少ない座席を選ぶのがポイントです。観光バスなら、前輪と後輪の間の中央部が最も揺れにくいと言われています。乗用車では、景色が見える助手席は動きが予測できるのでおすすめです。飛行機では、重心位置に近い席、主翼から少し前の方の胴体中央付近が一番揺れにくいので、酔いやすいだけでなく揺れることに恐怖心がある方は早めに座席を取ると良いでしょう。

食事は食べすぎず、お腹は空きすぎず

満腹のまま乗り物に乗ると、揺れにより胃を刺激して吐き気を催しやすくなります。逆に、嘔吐を恐れるあまりに食べないでいると、かえって症状が悪化することがあります。ＨＳＰは、空腹を感じると気持ち悪くなる反応が出やすいので要注意です。当日は、消化の良いものを少しずつ食べて、おなかが空きすぎないように心がけましょう。

締め付けないゆったりした服装を

サイズのきつい服やぎゅっと締めたベルト、補正下着など体を締め付ける服装は、腹部を圧迫したり血流が悪くなるため、乗り物酔いしやすくな

ります。また、気の流れも滞るため、気持ちも鬱々としてきます。乗車中は、体を締め付けないゆったりした服を選びましょう。髪の長い方は、乗り物に乗っているときはゴムできつく縛らずに緩めるかほどく方がおすすめです。

ゲームなどの動画、車窓の景色に注意

車内や機内で小さな文字やゲームなどの動画を目で追うと、酔いやすくなります。また、次々と変わっていく車窓からの景色も目の刺激になります。窓の外を見るときは、近くの景色を見ないで、遠くの景色を眺めるようにしましょう。

昔からしょうがは吐き気に効果あり

生薬の生姜《しょうきょう》は、漢方では「嘔家（よく吐くひと）の聖薬」と言われ、昔から吐き気や胃のむかつきに使われてきました。しょうが湯や、炭酸が嫌でなければジンジャー

エールを飲んだり、しょうが入りのキャンディーやしょうがの砂糖漬けなどをおやつとして時々とるのもおすすめです。ただし、しょうがが苦手な方は無理しないでくださいね。

乗り物の中のにおいに対処する

乗り物酔いされる方は、乗り物の中のにおいが嫌だということが多いです。特に、HSPはにおいに敏感なため、より強く感じやすく気分が悪くなりやすいです。自家用車であれば、消臭剤を使ったり、好きなにおいの芳香剤を使ったり、こまめに窓を開けて換気を。バスや飛行機に乗る場合は、あらかじめ気持ちが落ち着くようなアロマを用意しておくと安心です。ハンカチやタオルに染み込ませて、気分が悪くなりそうな時に嗅ぐとすっきりしますよ。

気分が悪くなったら早めに相談

HSPは、「周りの人に迷惑をかけてはいけない」という気持ちから、限界まで我慢しがちです。ぎりぎりまで我慢して最悪の事態を招かないためにも、ちょっとおかしいなと感じたら遠慮せずにガイドさんやCAさん、同伴者の方に相談しましょう。悶々と思っていると気分がふさがってきます。ここは思い切って打ち明けましょう。

乗り物酔いにおすすめのツボ

●内関（ないかん）

手首の付け根のしわから指3本分下のところ。古くから吐き気を抑えるツボとして有名です。この「内関」のツボを刺激し、乗り物酔いを和らげるリストバンドも市販されています。

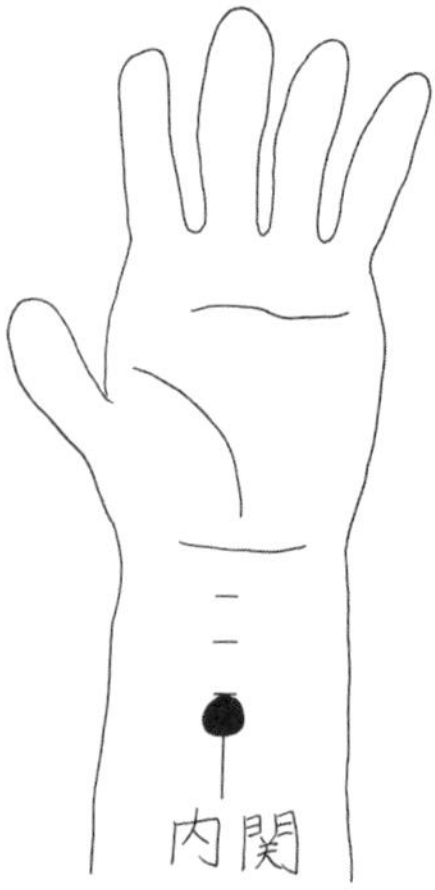

8 季節の変わり目に体調を崩しやすい、花粉症になりやすい

ＨＳＰは小さな変化にいち早く気づくことができるため、季節の移り変わりも敏感に察知します。春の息吹や秋の風などを感じ、「あ、昨日と空気が変わった」ということも多いのではないでしょうか。また、雨が降ることや台風が近づいてくることをいち早く察知できる方もいらっしゃいます。

中医学は、自然界の気候を「風・寒・暑・湿・燥・火」と6つに分けました。これを六気と言います。六気は、季節と結びつきが深く、春は風、梅雨は湿、夏は暑と火、秋は燥、冬は寒に配属されています。具体的な例を挙げると、春は花粉症など風による疾患が多く、梅雨は食あたりや水虫など湿による疾患が多く、夏は熱中症など暑と火の疾患が多く、秋は空咳など燥による疾患が多く、冬は冷え性やしもやけなど寒に

よる疾患が多いです。

気力が充実していて体が健康ならば、六気を受けてもうまく順応できますが、気が足らなかったり、体の抵抗力が低下していると、六気の影響を受けやすく前段に書いたような疾患が出やすくなります。

体のバリア「衛気《えき》」を強化して、免疫力を高める

中医学では、皮膚の表面には「衛気」という気が流れていて、ウイルスや花粉など外邪から身を守っていると考えられています。その衛気が不足すると体のバリアが弱まり、風邪をひきやすくなったり、花粉症になりやすくなったり、汗が出やすくなったり、肌がかゆくなりやすかったりします。また、温度変化にも順応しにくくなるので、体調を崩しやすくなります。

どなたでも季節の変わり目は不調になりやすいのですが、暑さや寒さに敏感に反応するＨＳＰは、気を消耗しやすく衛気も不足しがちなために、簡単に外邪に侵入され

てしまい体調不良になりやすいです。特に寒暖の差が激しいと、何度も体を温めたり冷やしたりして体温調節を行うために、多くのエネルギーを使うことになります。

衛気を高める漢方薬の代表的なものに『玉屏風散《ぎょくへいふうさん》』があります。名前に「屏風《びょうぶ》」と入っているように、体に必要なものを通し、入ってはいけないものを食い止める働きがあります。黄耆《おうぎ》・白朮《びゃくじゅつ》・防風《ぼうふう》と3味しか生薬は入っていませんが、免疫を高める作用があり、外邪の侵入を防ぎます。本格的な風邪シーズンを前に服用しておくと、風邪やインフルエンザ予防になります。また、毎年花粉症に悩まされる方にもおすすめの漢方薬です。

✳ セルフケア ✳

こまめに脱ぎ着できる服で寒暖差対策

季節の変わり目は、寒暖差が大きくなります。前日との気温差、朝晩と日中の気温差、室内と室外の気温差など、7℃以上の気温差があると、全身倦怠感、頭痛、めまい、鼻炎、食欲不振、不眠、イライラ、不安など、さまざまな不調が出やすいと言われています。HSPは、気温差に敏感に反応する方が多いので寒暖差対策を心がけましょう。気温が低いときは、マフラーや手袋をしたり、衣服をしっかりと着込んだりして、気温が高い時間帯や場所との温度差を小さくするように工夫を。カーディガンやストールなど一枚羽織るものがあると、手軽に体温調節ができます。

正しい姿勢で、自律神経を整える

寒暖差に弱い方は、自律神経のバランスが崩れていることが多いです。姿勢の悪さは、自律神経の乱れに大きく影響していると考えられています。デスクワークで猫背のまま長時間座っていたり、スマホを見てずっと下を向いたりしていると、筋肉が硬くなるばかりか、自律神経が乱れる原因に。逆に、胸を張りすぎて反った姿勢は、内臓を圧迫するので良くありません。正しい姿勢とは、くるぶしからおへそを通り、その延長線上に耳がある状態です。最初は難しいかも知れませんが、その正しい姿勢を毎日の生活の中で意識しましょう。１４２ページの腹式呼吸も自律神経を整えるのに良いのでおすすめです。

軽い運動やお風呂も効果的

自律神経を整えるには、ウォーキングやヨガ、軽いジョギング、サイクリングなど毎日続けられる運動を行い、新陳代謝を促すことが効果的です。また、シャワーで済ませている方はできるだけお風呂に入るようにしましょう。温かいお湯につかると体の温度が上がり、血の巡りも良くなります。特に、寒さで肩こりになりやすい方や体が疲れやすい方は、お風呂にゆっくりつかると、筋肉の緊張が和らぎ肩こりが改善したり、体にたまっている老廃物が排出されて疲れが取れるのでおすすめです。

ハッカ油のうがいで風邪予防

風邪の予防として「うがい薬」がよく使われますが、HSPには市販のうがい薬は刺激が強かったり、においや味が苦手という方もいます。そんな方に「ハッカ油」のうがいがおすすめです。ハッカ油は、和製のミントで天然の添加物なので口に入っても安心です。抗菌効果があり風邪の予防にもなるので、水で薄めてガラガラうがいを。鼻水やくしゃみが止まらないときにマスクにスプレーすると楽になりますよ。

旬の素材を取り入れる

「整体観念」（46ページ参照）のところで書きましたが、人と自然は密接な関係にあり、人は絶えず自然環境の影響を受け続けています。日本には四季があり、体も四季の移り変わりによって変化しています。その季節にとれる旬の素材は、栄養が豊富なだけではなく、その季節に起こりやすい体のトラブルを予防したり、改善したりする効果もあります。旬の食材を味わいながら、体調を整えていきましょう。

▼春におすすめの食べ物

たけのこ・春菊・みつば・セロリ・きのこ・かんきつ類・豚や鶏のレバー

血を補い、気の巡りを良くする食材を食べて、「肝」の働きを高めましょう。

▼梅雨におすすめの食べ物

とうもろこし・そらまめ・とうがん・はと麦・あずき・すもも・梅・白身魚

湿気を取り、胃腸機能を良くする食材を食べて、「脾」の働きを高めましょう。

▼夏におすすめの食べ物

きゅうり・トマト・ナス・ゴーヤ・もやし・枝豆・おくら・すいか・豚肉

余分な熱を出し、水分代謝を良くする食材を食べて、「心」の働きを高めましょう。

▼秋におすすめの食べ物

れんこん・白きくらげ・梨・ぶどう・柿・松の実・栗・さんま・牡蠣《かき》・ほたて

体に潤いを与え、乾燥を防ぐ食材を食べて、「肺」の働きを高めましょう。

▼冬におすすめの食べ物

かぼちゃ・長ネギ・にら・シナモン・山椒・しょうが・くるみ・みかん・羊肉

体を温めて、血の巡りを良くする食材を食べて、「腎」の働きを高めましょう。

季節の変わり目や花粉症におすすめのツボ

● 合谷(ごうこく)

手の甲の親指と人差し指の間。人差し指の下の方にある骨の中央部。

「万能のツボ」と言われ、風邪のひきはじめや花粉症の鼻づまりなどに効果があります。

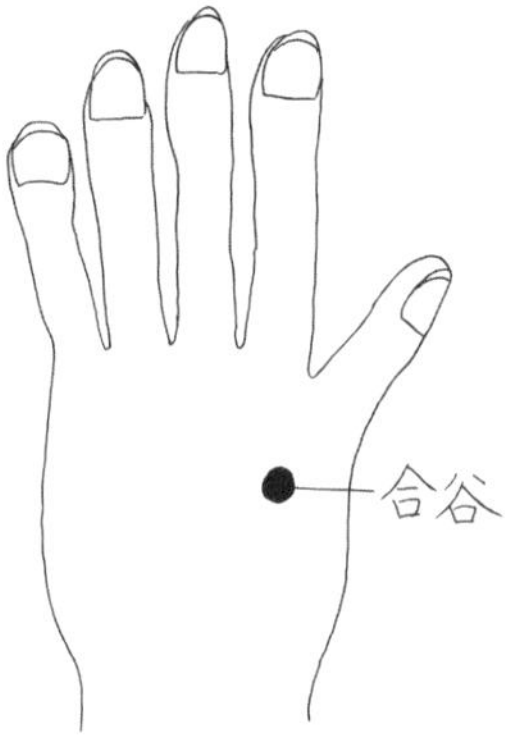

9　目が疲れやすい

ＨＳＰは、音や光、においなど身の回りに存在するさまざまな刺激に対して敏感に反応します。一般的には、五感の中でも視覚の機能がもっとも高く、人が外界から得るすべての情報の80％を目が担っていると考えられています。そのため、ＨＳＰはとても目が疲れやすいです。

最近は、パソコンやスマートフォンを集中して長い時間見る機会が多くなり、知らず知らずのうちに目を酷使してしまいがちです。また、ＨＳＰは読書好きな方も多く、小さな活字を追うことは目の負担にもつながります。目の疲れは、頭痛や肩こりなどの引き金になるので、普段から目を労ることが大切です。

眼精疲労には「肝」と「腎」の機能を高める

中医学では、「肝は目につながり、腎は瞳をつかさどる」と言われています。「肝腎《かんじん》同源《どうげん》」とも言われ、肝と腎はお互いの働きをサポートし合う関係にあります。そのため、目のトラブルを改善するには、「肝」と「腎」の機能を高めることが大事です。また、目を酷使すると、体内の血は消耗されてしまいます。血が不足すると目に十分な栄養が行き届かず、視力の低下、疲れ目、ドライアイ、目の痛みといった症状があらわれます。

漢方薬で眼精疲労におすすめなのは『杞菊地黄丸《こぎくじおうがん》』で、「肝」と「腎」に栄養を補い、ドライアイ、充血など目の症状を改善します。老眼が気になる方には、老化による腎の機能低下（腎虚）からの目のトラブルを改善する『滋腎明目湯《じじんめいもくとう》』が向いています。血が不足して目の症状が出ている方は、『四物湯《しもつとう》』もおすすめです。

✳セルフケア✳

ブルーライトを予防する

ＨＳＰは、パソコンやスマートフォンのブルーライトもまぶしく感じやすく、それが目の疲れにも大きく影響しています。パソコンやスマートフォンでは、画面の明るさを抑えたり、色味を暖色系に調節したり、ブルーライトカット機能の液晶保護フィルムを張るなどして工夫しましょう。めがねも最近はブルーライトがカットされたものが多く出ていますのでおすすめです。

一時間に一度は遠くを見て

デスクワークでパソコンに集中していたり、小説に夢中になったりしていると、まばたきの回数が減り、疲れ目やドライアイになってしまいます。意識的にまばたきを多くして、一時間に一度は遠くを見て目を休めましょう。また、ＨＳＰには清涼感の強い目薬は刺激になることもあります。一日に数回さす場合は、防腐剤の入っていない人工涙液タイプの目薬がおすすめです。部屋が乾燥しすぎないように加湿器を置いたり、エアコンの風が目に直接当たらないようにすることも有効です。

蒸しタオルで目をリフレッシュ

目を温めると固まった筋肉がほぐれ、血行を促進して疲れ目の症状が和らぎます。眠る前に蒸しタオルで目を温めるのがおすすめですが、入浴時にお湯につけたタオルを目にあてるだけでも効果があります。最近は、手軽に使用できるホットアイマスクも様々な種類が販売されています。ただし、充血がひどい時や炎症を起こしている時に目を温めると悪化する場合もあるので注意しましょう。

くこの実やブルーベリーをおやつに

くこの実は「食べる目薬」と言われ、肝や腎を補い目の疲れを解消してくれます。ブルーベリーにはアントシアニンという紫色の色素成分が含まれ目に効果があります。他にもブラックベリーやレーズン、アサイー、なつめ、桑の実、松の実なども目に良いので、おやつ代わりにドライフルーツをつまむと良いでしょう。さらに、目にも良く、高ぶった気持ちを静めてくれる菊の花茶をお供にすると効果アップです。

目が疲れた時の目のストレッチ

疲れ目の改善には、目の周りの筋肉をほぐす「目のストレッチ」がおすすめです。ただし、やりすぎるとますます目が疲れてしまいますので、目が心地良いと感じる程度にしておきましょう。

① 目を上下左右に動かしたり、目を右回りと左回りにぐるぐる回す。
② 目をぎゅっと強く閉じたり、パチパチとまばたきをする。
③ 手をこすって温かくし、目の上を軽く覆う。

眼精疲労におすすめのツボ

眼精疲労の大半は目の使いすぎによるもので、目を休めることが一番の薬ですが、難しい場合もあると思います。目のツボの指圧は、仕事中や勉強中でも手軽にできますので、ぜひ取り入れてみてください。

●攢竹(さんちく)

眉頭の内側にあるくぼみ。

神経や血管が通る眉頭にあり、押すと周辺の血行が良くなって目の疲れがとれるツボです。眉間のしわの筋肉も緩むので、リラックス効果も期待できます。

●**晴明（せいめい）**

目頭の先端のくぼみ。

目に直接働きかけて、目の周辺のこりをとるツボです。目の痛みを和らげて、不快感をとってくれます。

●**太陽（たいよう）**

こめかみの下のくぼみ。

眼性疲労に効果的なツボです。目の疲れがひどくなりすぎて起こる頭痛にもおすすめです。

※ここに書かれた漢方薬は一例です。漢方薬を試してみたい方は、詳しく証（体質）をみて診断してくれる専門家にご相談ください。

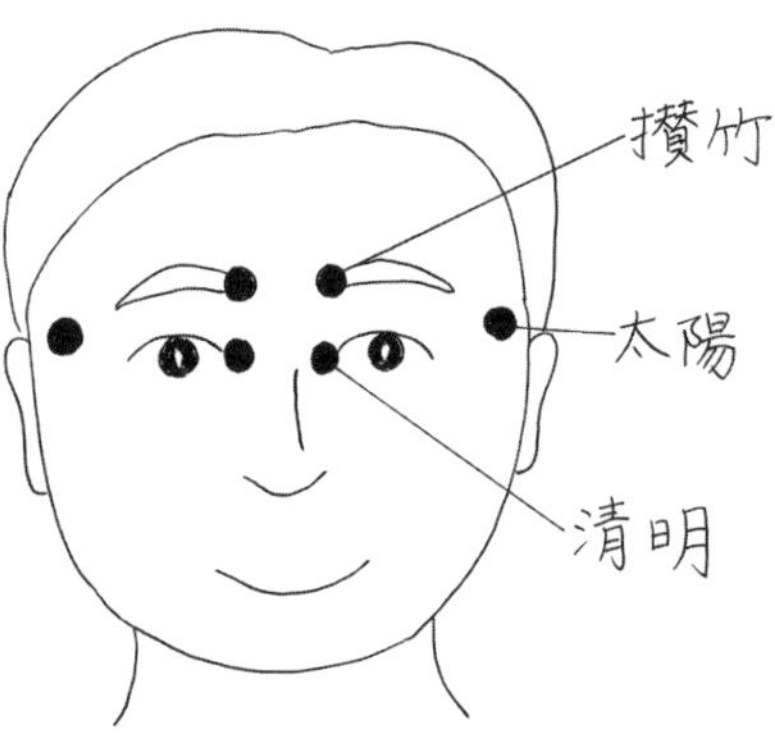

第4章

はじめて漢方相談を受けられる方へ

第3章を読んで、「一度、漢方相談を受けてみたい」と思われた方のために、信頼できる漢方医や漢方薬局・薬店の選び方と漢方相談の流れの一例をご紹介したいと思います。また、漢方薬についてよく受けるご質問をQ＆A形式で最後にまとめていますので、あわせてご覧ください。

私自身、自分に合った漢方薬と出会うまでに、何度か漢方内科と漢方薬局を渡り歩きました。その時に、証（体質）に合わない漢方薬を処方されて体調が一気に悪化した経験があります。皆さんにはそのようなつらい思いをしていただきたくないので、その時の経験を振り返って書きました。少しでもご参考になれば幸いです。

信頼できる専門家の選び方

漢方医の場合

1 ― 問診票がとても詳しい

よくある「今日は何で来られましたか？」程度の問診票ではなく、

・食欲のあるなし
・汗のあるなし
・大便や尿の回数や色
・体のほてりや冷え
・寝つきが良いか不眠か

・女性の場合は生理の状態

など問診票がとても詳しいというのがポイントです。中医学ではこれらの問診票の情報から分析して、証の分類（弁証）を行い処方します。簡単な問診票のところでは、正確な診断ができない可能性が高いです。

2 ── 顔色や舌、脈などをじっくりと診てくれる

漢方内科と看板に掲げていても、短時間の診察で終わってしまうところもあります。正確な証（体質）の診断のためには、話を聞くだけではなくて、顔色や声の大きさ、話し方、舌の状態、脈の速さなどもじっくりと診てくれる先生を選ぶことをおすすめします。ただし、保険診療の場合は時間に制約がありますので、じっくりと診てほしい場合は、自由診療が可能な病院も探してみてはいかがでしょうか。

3 ― きちんと話を聞いて説明してくれる

「もらった漢方薬がどうも自分に合っていない気がする」と思って先生に言っても、「あなたに合っているから」と取り合ってくれなかったり、「初めはそういうこともある」と言ってきちんとした薬の説明をしてくれない先生は要注意です。なぜ合わないのかときちんと考えてくれて、もっと合うような処方に変えてくれるなど、患者さんの意をくんでくれる先生がおすすめです。

以上、信頼できる漢方医の選び方でした。

次の「漢方薬局・薬店の場合」も、基本は「漢方医の場合」と同じです。気を付けたいのは、漢方薬を売ることだけがメインになっているようなお店です。

漢方薬局・薬店の場合

1 ―― あなたにとって今、必要な漢方薬をすすめてくれる

漢方薬局・薬店でおすすめしたいところは、あなたにとって今、必要な漢方薬を一生懸命探してすすめてくれるお店です。中には、その店舗の一押し商品を強引にすすめてきたり、症状と関係ないのにも関わらず健康食品をすすめてくるところもありますので、そういうお店にはご注意ください。

2 ―― 「薬が効かない、合っていない」と言ったら、もう一度考えてくれる

「薬が効かない」「薬が合っていない」という訴えに、証（体質）をもう一度判断しなおして、必要ならば漢方薬を変えてくれるお店を選びましょう。そういった訴えにも、薬をどんどん追加してくるようなお店は要注意です。初めに比べて漢方薬代が膨

れ上がっていて不審に思っている方は、別の漢方薬局・薬店に相談することをおすすめします。

3 ― 予算に合った漢方薬をすすめてくれる

良心的なお店は、きちんと予算に合った漢方薬を考えてくれます。HSPの方は遠慮してしまいがちですが、漢方薬局・薬店はお店でこちらはお客さんなのですから、きちんと要望を伝えてそれにしっかりと応えてもらうことも大事です。

4 ― 最終的には廃薬に向けてプランを練ってくれる

体質改善ならば長く漢方薬を飲まないといけない場合も多いですが、良くなってきたらだんだんと薬を減らして、最終的には廃薬していくのがベストです。良くなっていかないのに漫然と同じ漢方薬を飲まされたり、良くなってもまた違う薬を飲み続けるように言われたりするところは注意した方が良いでしょう。ただし、体質に合っていて健康維持のためにご自分で飲み続けていきたいと思われる場合は問題ありません。

以上、信頼できる漢方薬局・薬店の選び方でした。

漢方薬局・薬店で相談しているのに「？」と疑問に思うことが続いたら、セカンドオピニオンで別の漢方薬局・薬店に変えてみて比較してみることをおすすめします。HSPの方は直感に優れているので、ホームページなどでお店の雰囲気を見て、ピンときたところが相性が良いかも知れません。

HSPの漢方相談は、専門家との相性が大事

漢方相談で、HSPの方に重要視していただきたいのが、漢方の専門家との相性です。なぜなら、HSPは相性が合わない人と接することをとても重荷に感じてしまうからです。

一度だけの訪問なら良いのですが、漢方の問診（カウンセリング）の初回は30分から1時間程度じっくりと時間をかけて行われることが多いです。また、その後は1週間や2週間に一度の頻度で通うことになります（状態が安定してくれば、1ヶ月に一度の頻度などに延びます）。

その際に、ただ漢方薬をもらって帰るのではなく、今の体や心の状態を漢方医やカウンセラーに話して知ってもらうことになるため、相性が悪いと、行くことが毎回億劫になってしまいますし、気（エネルギー）も消耗してしまいます。せっかく気を補

う漢方薬をもらって服用していても、これだと逆効果になってしまいます。

「この先生と話すと、元気が出てくるな」「このお店に行くと、穏やかになるな」というような、毎回カウンセリングを受けると気持ちが楽になっていくような人やお店を選ぶのがHSPにとって何より大事です。

HSPは、「こんなことを聞くと、変かな」と気を使って聞きたいことが聞けないことも多いですが、分からないことや心配なことがあったら、恐れずに何でも聞きましょう。それできちんと答えてくれなかったら、別の先生やお店を探しに行きましょう。

自分に合った漢方の専門家と一回で出会うことはなかなか難しいかも知れません。しかし、先生やお店を変えて体質に合う漢方薬にようやく出会えたという人も少なくないので、もし今回がダメでもどうか根気強く探してみてくださいね。

漢方相談の流れ

初めての方は、「漢方の相談って、どういったことをするのだろう……」と不安に思われるのではないでしょうか。そのような方のために、一つの例として当店で行っている初回の漢方相談（カウンセリング）の流れをご紹介します。病院やお店によって相談の順番や内容は違ってきますが、よろしければ参考になさってください。

1 舌診《ぜっしん》

舌は、体を映す鏡と言われています。最初に、舌の状態を拝見します。そのため、コーヒーや紅茶、カレーなど舌に色が付きやすい飲み物や食べ物を直前にとることはお控えください。

② 問診票記入

食欲の有無、体のほてりや冷え、寝つきが良いか不眠か、女性の方は生理の状態など問診票にご記入いただきます。

③ カウンセリング

お話を丁寧にお聴きし、問診票に沿ってご質問します。今、出ている症状から、何が根本原因になっているのか探っていきます。

④ 養生法の提案

イラストを使って漢方の基本やあなたの証（体質）をご説明します。また、健康になるために、食生活や運動、ストレスへの対処法などをアドバイスします。

⑤ 漢方薬の説明

あなたに合った漢方薬をお選びし、分かりやすくご説明します。

このように初回は、カウンセリングや漢方薬の選定にじっくりと時間をかけるため、初めての相談は、時間の余裕をもって予約されることをおすすめします。また、初対面できちんと伝えられるか心配な方は、あらかじめ話したいことや聞きたいことを紙に書いて持っていくと安心です。

漢方がよく分かる「Q＆A」

漢方と正しく付き合うために、漢方相談や漢方薬に関する疑問や不安にお答えします。

Q1 漢方相談はどんな時に行けばいいのですか？

病院に行くほどでもないけれど、なんとなく体の調子が悪い……漢方は、こうした漠然とした心身の不調「不定愁訴」を改善することがとても得意です。また、健康と病気の間の「未病」の段階で、治療や予防を行うことができることも漢方の大きなメリットです。症状が進行する前に漢方薬で改善することができれば様々な負担も軽くなりますので、早めの相談をおすすめします。

Q2 具体的にどんな症状に効果があるのですか？

漢方薬は心身のバランスを整えて、自然治癒力を高める効果がありますので、食欲不振、冷え性、生理痛、頭痛、下痢・便秘、肩こり、花粉症などの主に慢性的な体の不調におすすめです。また、周りに分かってもらいにくい疲れやだるさ、不眠、不安感やイライラ、生理前の情緒不安定（ＰＭＳ）などの心のお悩みにもおすすめです。

Q3 漢方薬にも副作用があるのですか？

漢方薬は効きめが穏やかで副作用がないと思われるかも知れませんが、医薬品である以上漢方薬にも副作用があります。食べ物にアレルギーがあるように、特定の生薬に対してアレルギー反応が出てしまう人がいます。また、体質に合っていない漢方薬を服用した時に副作用が出ることもあります。服用後に気になる症状があれば、すぐに処方されたところに相談しましょう。

Q4 漢方薬は、長く飲まないと効きませんか？

漢方薬はゆっくりと効くものというイメージがあるかも知れませんが、風邪薬や胃腸薬、こむら返りのお薬など、飲んでその日のうちに効果を感じる即効性のある漢方薬もあります。ただし、慢性的な症状や体質改善を目的とする場合は、少し気長に構えて、最低でも2〜3ヶ月くらい続けるイメージで取り組んでみてください。

Q5 漢方薬は、なぜ食前や食間に飲むのですか？

空腹時に漢方薬を飲むと、食べ物の影響を受けずに腸内細菌のいる場所まで届き、吸収されやすい状態に変えられるため、食前や食間に飲むと良いと言われています。食前は食事の約30分前、食間は食後約2〜3時間を指しますが、そんなに厳密にならずに空腹時の飲める時に飲むと良いでしょう。ただし、飲み忘れてしまった場合は次にまとめて飲むのではなく、食後に飲んでも構いません。

第5章
HSPと共に暮らすヒント

ここまでＨＳＰのこと、漢方の基礎知識、ＨＳＰが抱えやすい体や心の悩みの対処法、そしてはじめての漢方相談と読み進めていただきましたが、いかがだったでしょうか。

妻がこの本を執筆しようと決心し、少しずつ書き続けていくのを傍で見ているうちに、ふと『ＨＳＰではない私から見たＨＳＰである妻』という視点で何か書けないかと思うようになりました。そして、ＨＳＰご本人だけでなくご家族の中や身近にＨＳＰがいらっしゃる方にとっても何かヒントになるものがあればと思い、私たちのプライベートな部分も含めてお伝えすることに決めました。

私が妻と結婚してもうかれこれ20年以上が経ち、もうすぐ結婚前より結婚後の人生の方が長くなるところまでやってきました。その結婚生活の間、どのご夫婦も経験しているように私たちにも色々なことがありました。

妻の言っている意味が分からなかったり、妻のことを誤解していたこともありました。妻がＨＳＰという言葉と出会い、気持ちが楽になったのと同様に、私も妻からＨ

SPについて聞かされて、あの時言っていたことやあの時の行動はそういうことだったのか、と気付かされました。

お店にお越しになるHSPの方がおひとりおひとり異なるように、この本を手に取っていただいたHSPの方（または、そのご家族、ご友人、職場の仲間……）にも色々なタイプがいらっしゃると思います。この章の内容が必ずしも当てはまるとは限りませんが、そういうこともあるなあと何かの参考になれば幸いです。

村本貴士

二人体制でのカウンセリング

私たち夫婦は、横浜市で『漢方カウンセリング　がじゅまる』というお店を開いています。そこでお越しいただいたお客様にカウンセリングを実施しているのですが、その際にカウンセラーは基本的に二人体制とさせていただいています。カウンセリングはクライアントとカウンセラーの1対1で行うケースがほとんどだと思いますが、どうして当店は二人体制で行っているのでしょうか。実はここにもHSPに対する考え方が活かされています。

HSPは共感力が高いのでカウンセラーに向いている一方、他人から影響を受けやすい側面があることはこれまでに書かれている通りです。カウンセリングではお客様の様々なお悩みをお聴きしますので、中にはつらいお話もあります。HSPのカウンセラーでもうまくされている方はいらっしゃると思いますが、私から見て妻が一人でカウンセリングをした場合、お客様のお気持ちの影響を受けすぎてしまうのではないかと感じました。

漢方薬を販売するだけのお店という選択肢も当然ありましたが、HSPの役に立ちたい、何か応援したい、という妻のせっかくの気持ちを無駄にしたくありませんでした。そこで、私も傍にいて二人体制でのカウンセリングであれば、お客様から受ける影響を分散できるのではないかと考えました。

実際に始めてみて分かったことは、妻はやはりお客様からの影響を少なからず受けているものの、その影響を傍にいる私と共有できることで安心感をもてているようです。お客様の中には、カウンセリングを始めるまでは二人のカウンセラーというやり方に不安を感じる方もいらっしゃいますが、夫婦ながらの阿吽《あうん》の呼吸でお客様に向き合わせていただくことで、次第に違和感がなくなっていくようです。

私たちの事情でスタートした二人体制でのカウンセリングですが、思わぬ効果もありました。当店の場合、ＨＳＰの方が一人でご来店されるだけでなく、二人でご来店されるケースも多くあります。例えば、ＨＳＰのお子さんとＨＳＰではない親御さん、ＨＳＰの旦那さんとＨＳＰではない奥さんといった組み合わせです。このような場合、私がＨＳＰではない側の立場に加わることができますので、クライアントとカウンセラーが２対２となり、カウンセリング自体にバランスが生まれることになりました。

これからも二人のバランス感覚を大切にしながらひとつひとつのカウンセリングに向き合っていきたいと思います。

HSPにとって住居はとても大切

ＨＳＰは音に敏感な方が多いため、住む場所をどこにするかはとても大切です。特に転勤が多い会社員やそのご家族、入学や就職を機に一人暮らしをスタートする学生や新社会人の方はじっくりと選ぶことをおすすめします。と言っても、引越シーズンは早く決めないとすぐに部屋がなくなってしまうという雰囲気で大変だと思いますが……。

私たちも転勤を何度か経験しており、部屋探しをすることが多かったです。うまくいったことも失敗したこともありました。

一番の問題は、部屋のドアの開閉音、住人の足音や話し声等の生活音です。上階はもちろん、意外に下の階の足音も響いてきます。最近のマンションは気密性に優れ、外からの音が入ってこなくなるため、逆に建物内の音が聞こえやすくなります。
ＨＳＰではない私にも感じる音はもちろんありますが、妻は私が感じているよりも大きく感じていたり、言われないと私には聞こえなかった音も感じたりしているようでした。はじめはどうしてこんな音に気付いてしまうのだろう、と理解できないこともありましたし、音を出している人も気付いていないだろうと思いましたが、徐々に妻の感じ方が理解できるようになっていきました。

自分から行かない、見ない、聞かないということができることなら良いのですが、生活音はどうしても受け身になってしまいますので、対策がなかなか難しいです。いつも装着しておくのは難しいですが、つらいなあと感じた時には、例えばイヤーマフや耳栓を使用するという方法もあります。

それでは、私たちの失敗例と成功例を一つずつご紹介したいと思います。

〈失敗例〉事情があって都心部に住んだことがあるのですが、様々な生活リズムをもつ人たちが住んでいることが多く、夜遅くであっても日中と変わらない生活音があり、妻は睡眠不足から一気に体調を悪くしてしまいました。

〈成功例〉失敗例の後に探したもので、自然にあふれた地域のマンションで最上階角部屋を見つけました。ちょっと家賃は高かったのですが、健康には代えられないと思い決断しました。妻の体調も少しずつ回復していき私もほっとしたのを記憶しています。

下見の段階では生活音のことは分かりませんが、できれば上階がない部屋（最上階ではなく低層階であっても構造上、上階なしという部屋があったりします）、中住戸よりも角住戸といった少しでも接している部屋がない（もしくは壁が厚い、遮音性が高い）、部屋から緑が見える、といった条件で探してみるのも良いのではないでしょうか。

旅行で五感をリフレッシュ

一年に一回は夫婦で旅行をするようにしています。非日常的な空間で、日常で疲れた五感を取り戻すことを目的としたもので、行き先は自然が多く、そこに行ってみたいと感じる場所です（と言いましてもお店がありますので、1泊2日旅行ですが）。

私が行き先にそれほどこだわりがないということもありますが、どこに行くかを決めるのはHSPである妻の役割です。直感力と情報収集力をうまく組み合わせて選ぶので、これまでの経験からしてほとんど外れがなかったのでは、と思います。

行き先が決まれば、まずは宿泊施設です。有名であったり収容人数が多いところは避け、どちらかと言うとこじんまりしていて落ち着いた宿泊施設を2〜3程度選んでいきます。その後、部屋の雰囲気や料理のバランスなどを施設のホームページ等でじっくりと比較していきます。宿泊施設に続いて、周辺観光地のどこへ行くかも同じような感覚で選んでいきます。ザ・観光地よりも、少しマイナーな場所や自然が多い場所が中心になります。

それが決まるといよいよ私の出番で、2日間のスケジュールを組んでいきます。

不思議なもので、妻はこれだけ宿泊施設を選ぶのが上手なのにスケジュールを組むのが苦手のようです。スケジュールがタイトなものですとすぐに疲れてしまいますので、移動を含めゆったり気味にします。早朝に出発し夜遅くに帰宅するスケジュールは避け、帰宅を早めにするなど配慮しています。また、時期を選ぶことができる場合

は、どこに行っても人が多い行楽シーズンは避けるようにしています。

ＨＳＰのことを知らなかったときによく妻が家に着くなり疲れた、疲れたと言うことが多く、疲れているのは私も一緒なのにと思っていましたが、今思うと私が感じていた疲れの何倍も疲れていたのだと思います。

ＨＳＰにとって旅行は新たなプラスの刺激を受けられることも多いので良いのですが、一方では楽しいけれども疲れやすいので、そのあたりを少し頭に入れて計画を立てることが大切になるのではないでしょうか。

鑑賞を大切にした生活

ＨＳＰは感受性が強く、芸術に関心が高いと言われています。私たち夫婦もコンサートや舞台を観に行くのが好きです。ＨＳＰにとって、長時間の鑑賞は気を消耗して疲れることもありますが、一方で感受性を高めることもできますので大切にしています。

私は純粋に観ることが楽しいのですが、妻は演出や衣装、照明を「自分だったらこうするなあ、この色の組み合わせは綺麗だなあ、ここはこんな風に見せた方が良いかも」と、色々創造力を高めているようです。私からすると、「え、そんな細かいところを見ていたの」と驚くこともよくありますが、細部のことに気が付くので疲れやすいのは当然ですよね。

コンサートは自分たちの好きなアーティストのものですのであまり心配ありませんが、舞台は実際に観るまでどのような雰囲気のものか分からないときもあり、考えさせられる内容であっても重い内容の時は気持ちが沈んでしまい、しばらく引きずることもありますので、観ることが逆効果にならないように注意も必要です。

私たちは主に数百人から三千人ぐらいまでの劇場やホールで観ることが多いです。HSPにとっての許容できる人の多さはまちまちですが、この程度の人の多さは妻にとってそれほど気にはならないようです。

ただし、HSPは基本的に人の多いところが苦手ですので、数万人クラスが集まるイベントなどは避ける方が賢明です。しかし、そうは言っても行きたいと思うこともあるでしょう。時と場合によりますが、その時は背中を押して自信をつけさせてあげることもありではないかと思います。おそらく、イベント当日のかなり前から、「行きたいけれど人が多いのが嫌だなあ、行ったら絶対疲れそう」といった不安を口にすると思います。そんな時は、座席指定ができれば通路側の席を取る、途中でつらくなったら帰っても良いことを伝えておく、といった方法で少しでも不安感を軽減させます。無事に乗り越えることができた時はとてもそのことが自信になるようです。

これは何もイベントに限らず、何か決断しなければならないときに消極的な傾向にあるHSPに自信をもってもらう方法としてはありなのでは、と感じています。

自然現象の感じ方

地震や台風、雷といった自然現象が発生したとき、皆さんはどのように感じますか？

ＨＳＰでなくても不安に感じるとは思いますが、ＨＳＰの場合、過剰に動揺しているといったことはありませんか。私はこのような場合、ＨＳＰに安心感を持ってもらうことが大事だと考えています。

私たちは関東に住んでいますので、小さなものを含めるとよく地震を体感しています。私は地震が起きた後しばらくすると地震があったことすら忘れているのですが、妻は気持ちのざわざわ感が続き、この後大きな地震が起きないかという不安感が続くようです。また、地震が起きる前に頭痛がすることが多く、起きた後は収まるので、頭痛は地震によるものだったのか、と後で気付くこともあるようです。

台風が発生して関東地方に上陸することもあります。地震と違って台風の発生は天気予報等で知らされますので、妻の不安感は台風の進路が固まっていく中で段々と膨らんでいきます。私から見るとそこまでしなくても大丈夫じゃないか、と思うこともありますが、妻は事前の準備をすると安心するので、基本的にはできる範囲で念入りに準備を実行していきます。台風が関東地方を直撃する際は、ひたすらじっと通り過ぎるのを待つのですが、近づくにつれて恐怖感が増大していくのが隣で見ていてよく分かります。雷が近づくにつれて感じる恐怖感も台風と同じようです。

このような自然現象の発生はどうすることもできませんので、私はひたすら気持ちのケアに努めるようにしています。家にいれば安全なので大丈夫だよ、と意識的に声掛けをすることで、安心感を与えるようにしています。妻からは、自分が不安感いっぱいの隣で私がどっしりと構えていてくれているだけでも安心する、と言われています。これ以外に、台風や雷といった音が大きいものの対策には、住居の項でご紹介しましたイヤーマフを利用する選択肢もあります。元々は生活音対策に購入したものでしたが、効果抜群です。ただし、このように追い込まれた状況になると、不安感や恐怖感が優先して何も考えられなくなっている可能性が高いので、その存在を思い出させることも必要です。

HSPとどのように接したら良いのか

ＨＳＰとどのように接したら良いのか分からない、と悩んでおられる方もいらっしゃると思います。特に、ご家族の場合は日々接することになりますので、お悩みは深いでしょう。

私自身もいまだにどのように接したら良いのかという方法を見つけることができた訳ではありませんが、日々感じてきたことはあります。最後に、そのことをお伝えしようと思います。

1 HSPだから、といったことを考えすぎない

ＨＳＰに対してはこんな風に伝えるとまずいかな、などと考えていくと何も言えなくなってしまいます。私もＨＳＰのことを知った当初はこのパターンに陥ってしまい

ました。今では妻をＨＳＰだと意識せずに話すようにしています。時々うまくいかなくなることもありますが、その時に「あっ、そうだった。ＨＳＰだとこういう言い方はダメだったな」と反省して次に生かす、という姿勢で臨んでいます。

② ＨＳＰの希望はできるだけ実現させてあげたい

何かしたいとあまり言わないことが多いＨＳＰです。自分のことより周りのことを優先する傾向にあるからです。そのＨＳＰが○○したい、と伝えてきたときは、できる限りその実現に協力してあげることをおすすめします。妻がしたいと言ってきたことは、じっくりと考えて出した結論ですので、私もその気持ちを大切にするようにしています。

③ ＨＳＰにはアドバイスよりもヒントを与える

ＨＳＰはじっくりと慎重に考えることができるので、ああした方が良いとかこうした方が良いとかあまり言いすぎない方が良いと思います。逆に考えすぎで混乱していると感じたら、少し手を差し伸べる感じでサポートしてあげると良いでしょう。

私も妻が考え中の間は極力口を挟まないようにしています。ただし、考えが堂々巡りになっていると感じた場合は、そこから抜け出すことができるようなヒントを与える感覚で私の考えを伝えています。

HSPについての正しい知識をご家族や周囲の方が持つことにより、HSPへの接し方が変わります。それによって、HSPに安心感が生まれます。こんなことを言っても良いんだ、受け入れてもらえるんだ、という安心感がさらに好循環につながっていきます。

これまでこの章で書いてきた中で、少しでも参考になることがあれば嬉しい限りです。

✳付録

心地良い一日を過ごす「HSPのための漢方生活」

15:00 根をつめる作業が続いたら、好きなアロマをかいだり、ハーブティーを飲んだりしてリフレッシュしましょう。

16:00 空腹は胃腸の負担になるので、夕食が遅くなるときは夕方ごろにナッツやドライフルーツなどを食べておきましょう。

17:00 一日の疲れがたまる夕方以降は、なるべく気の合う人とだけ会いましょう。

Night ～夜～

18:00 快適な眠りのために、お茶やコーヒーは就寝4時間前までがおすすめです（カフェインレスなら問題なし）。

19:00 夕食はできれば就寝2時間前までにとり、食べすぎに注意しましょう。

21:30 シャワーではなくお風呂にゆったりつかって、一日の疲れをとりましょう。

22:00 寝る前には怖い映画やニュースなどは避けて、読書など自分だけの楽しいひとときを過ごしましょう。

22:30 部屋の照明を落としたり、パソコンやスマホのブルーライトを見ないようにして、徐々に眠りのモードに入っていきましょう。

23:00 夜更かしせず、毎日できれば同じ時間に寝て、ゆったりと一日を終えましょう。

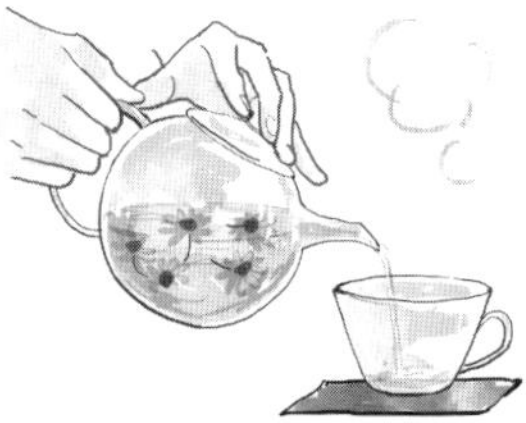

自然のリズムに沿った毎日が送れると、体も心も健やかになってきます。全部取り入れようと無理をしないで、できるところからひとつずつ始めてみてくださいね（時刻はあくまで例ですので、ご自分の生活に合わせてください）。

Morning ～朝～

6:30　できれば毎日、同じ時間に起きましょう（休日と平日が2時間以上ずれないように）。

6:45　起きたらまずカーテンを開けて、太陽の光を浴びましょう。

7:00　起きてすぐに大きな声を出さないで、ゆっくり静かに話し始めましょう。

7:15　伸びやストレッチをして、徐々に体を動かしていきましょう。

7:30　朝の準備はバタバタしないで、ゆっくりと朝食を食べましょう。

10:00　日中、一度は外へ出て、軽い運動習慣を心がけましょう。

11:00　ストレスを感じたら、深呼吸をして息を大きく吐き出したり、肩をあげてストンと落としましょう。

After noon ～昼～

12:00　天気の良い日は、自然の中でのランチもおすすめです。

13:00　仕事中でもできれば1時間に1回は席を立って、歩いたり、遠くを眺めたりしましょう。

14:00　昼寝をするなら、午後3時までの20～30分間がおすすめです（布団を敷いて本格的に寝ないように）。

おわりに

最後までお読みいただき、ありがとうございました。

この本では、HSPの方に向けて養生（セルフケア）や、HSPととても相性が良い漢方薬について書いてきましたが、何か健康のヒントになることがありましたら嬉しいです。


HSPはまじめな方が多いので、はじめは「あれもこれも」と養生（セルフケア）をやりすぎてしまったり、「今日は、これだけしかできなかった」と、落ち込むことがあるかも知れませんね。実は私も、最初は張り切ってやりすぎてしまい、息切れしてしまったことがありました（苦笑）。しかし今は、取り入れやすいものから始め、疲れているときは何もしないで休養にあてたりして、ほどほどに取り組んでいます。

無理なく続けていくためには、体が心地良いと感じたり、気持ちが穏やかになっていくのを感じることが大切なんですね。
「朝起きたら、太陽を浴びよう」や「腹式呼吸をやってみよう」など、まずは簡単にできそうなところから始めてみて、「今日はこれができた」という小さな成功体験を積み重ねていくと長く続けやすいと思います。以前よりも、食生活や日常の過ごし方を大切にして、自分の体をケアすることを自然に思うようになれたらいいですね。

また、この本を読んで「漢方、試してみようかな」と興味が出てきた方もいらっしゃるかも知れません。はじめは勇気がいるかも知れませんが、この本を参考に信頼できる漢方の専門家にぜひ相談してみてくださいね。

体が元気になってくると、心も元気になってきます。
「今日は、空気が澄んでいるな」「あっ、新芽が出てきた」など、周りにある小さな幸せに気づけるのがHSPの素敵なところです。ひといちばい敏感で繊細なところが煩わしいと思っていた方や今はつらい思いをされている方も、少しずつ体調が良くなってきて、心も軽くなっていかれることを願っています。

最後に、カウンセリングを通じてたくさんの気づきを与えてくださったお客さま、この本に携わってくださったすべての皆さんに心より深くお礼を申し上げます。そして、いつも道しるべとなって明るく行く先を照らしてくれた夫、遠いところから温かく支えてくれている父と母に感謝します。

この本が少しでも皆さんの健康のお手伝いにつながれば、これほど幸せなことはありません。

二〇二〇年　新緑のころ　村本瑠美

参考文献

『ささいなことにもすぐに「動揺」してしまうあなたへ。』エレイン・N・アーロン（講談社　2000年）
『鈍感な世界に生きる敏感な人たち』イルセ・サン（ディスカヴァー・トゥエンティワン　2016年）
『敏感すぎる自分を好きになれる本』長沼睦雄（青春出版社　2016年）
『HSCの子育てハッピーアドバイス』明橋大二（一万年堂出版　2018年）
『漢方方剤ハンドブック』監修：菅沼伸　著：菅沼栄（東洋学術出版社　1996年）
『いかに弁証論治するか』監修：菅沼伸　著：菅沼栄（東洋学術出版社　1996年）
『いかに弁証論治するか（続篇）』監修：菅沼伸　著：菅沼栄（東洋学術出版社　2007年）
『新装版　図説漢方処方の構成と適用』森雄材（名著出版　2014年）
『自分で不調を治す　漢方的183のアイディア』邱紅梅（オレンジページムック　2010年）
『おうちではじめよう！漢方生活』根本幸夫（かんき出版　2014年）
『漢方の力』中国漢方普及協会（グラフ社　2010年）
『東洋医学で食養生』高橋楊子・上馬場和夫（世界文化社　2005年）
『押す・もむ・さする　ツボ&マッサージ』吉川信（朝日新聞出版　2014年）

著者プロフィール

村本瑠美（むらもと・るみ）

1976年生まれ。大阪府出身。漢方カウンセラー、登録販売者。生理痛を改善するために服用された漢方薬で、体調が悪化した経験と良くなった経験から漢方に興味を持ち、上海中医薬大学付属日本校で中医学を学ぶ。また、その頃HSPの本と出会い、自身の悩みがHSPに起因していることを知り、将来HSPのための漢方薬店を開業したいと思うようになる。漢方薬店での勤務を経て、横浜・妙蓮寺に「漢方カウンセリング　がじゅまる」を開店。日本では数少ないHSPにも対応できる漢方薬店として体調不良や心の悩みの相談に乗っている。

村本貴士（むらもと・たかし）

1975年生まれ。大阪府出身。産業カウンセラー、登録販売者。大阪大学法学部を卒業後、20年以上サラリーマン生活を送る。40歳を目前にして人事部門の責任者になったことがきっかけとなり、カウンセリングに関心を持ち、産業カウンセラーの資格を取得。HSPのための漢方薬店を開業したいという妻の夢に賛同し、カウンセラーの立場で関わることで、夫婦二人体制でのカウンセリングを実現させている。じっくりと丁寧なカウンセリングをモットーに、少しでもHSPの方の体調が良くなり、心が軽くなることを願っている。

『漢方カウンセリング がじゅまる』HP　https://www.gajyumaru-kampo.com

ひといちばい敏感で繊細なあなたを守る
HSPのための漢方生活

2020年 9月 9日　第1刷発行
2020年11月27日　第2刷発行

著　者　村本瑠美《むらもとるみ》／村本貴士《むらもとたかし》

イラスト：ピクスタ
ツボのイラスト：村本瑠美

発行者　太田宏司郎
発行所　株式会社パレード
大阪本社　〒530-0043　大阪府大阪市北区天満2-7-12
TEL 06-6351-0740　FAX 06-6356-8129
東京支社　〒151-0051　東京都渋谷区千駄ヶ谷2-10-7
TEL 03-5413-3285　FAX 03-5413-3286
https://books.parade.co.jp
発売元　株式会社星雲社（共同出版社・流通責任出版社）
〒112-0005　東京都文京区水道1-3-30
TEL 03-3868-3275　FAX 03-3868-6588
装　幀　藤山めぐみ（PARADE Inc.）
印刷所　創栄図書印刷株式会社

ISBN 978-4-434-27880-8　C0091